脱コモディティ化を実現する価値づくり

――競合企業による共創メカニズム

陰山孔貴 著

De-Commodiitization

中央経済社

はしがき

　製品・サービス市場に参入企業が増加し，差別化が困難になり，価格競争の結果，企業が利益を上げられないほどに価格が低下する…。いわゆるコモディティ化といわれる現象に，日本の多くの産業が苦しんでいる。

　しかし，このような中でも，コンセプトを再定義することにより市場を広げ，深化させながら，コモディティ化を乗り越え，「脱コモディティ化」に成功した製品・サービスがある。そのような製品・サービスは，なぜ，そして，どのように成功したのだろうか。

　本書では，その中でも，シャープ株式会社が開発した「ヘルシオ」という製品に着目して研究を行った。

　ヘルシオが開発された2004年当時，日本のオーブンレンジ市場は普及率が96％を超え，完全に成熟していた。さらに毎年平均単価が1,000円程度下落しており，コモディティ化の進展が顕著な市場だった。

　しかし，ヘルシオが登場すると市場は一変する。ヘルシオは，メーカー希望小売価格128,000円という高額にもかかわらず（当時のオーブンレンジの平均単価は2万円台だった）ヒット商品となり，ヘルシオの発売をきっかけに日本のオーブンレンジ市場の平均単価は上昇に転じることとなる。つまり，コモディティ化が進展する電機産業の中で珍しく，オーブンレンジ市場は「脱コモディティ化」が実現された市場といえる。

　このような事例をもとに「脱コモディティ化」についてより普遍的な理由を考えることができれば，他の製品・サービス市場にも通じる知見が得られるはずである。

　なぜ，高額なヘルシオがヒット商品となり得たのか。鋭い読者はこの理由について，ヘルシオが「健康調理」というこれまでにはない新たな製品価値を市場に提供した，ということを指摘することだろう。

　しかし，企業における製品開発はそのように単純な話ではない。市場の人々

がまだ誰も気づいていなかった新たな技術の種に対し，開発が始まる前，開発企業内においてどのような認知がなされていたのだろうか。従来の市場に存在していなかった技術の種について理解できる人は，そもそも少ない。日本のオーブンレンジ市場という完全な成熟市場において，価格面では不利になる製品が，それ以上の価値を有する製品になると経営陣や技術者は当初から気づいていたのだろうか。そして，その認知は開発が進むと同時にどのように変化していったのだろうか。

　また，消費者がその価値を認知しなければヒット商品にはなりえない。市場や競合企業はどのように反応したのだろうか。

　本書ではこれらの疑問を定性的なアプローチと定量的なアプローチの両方を活用し解き明かす。

　さらに，多くの読者にとっては意外かもしれないが，競合する他社との「競争」が市場における価値創造に大きな役割を果たしていることも明らかにする。

　自身が所属する企業が開発している製品・サービス，もしくは，自身が担当している製品・サービスが既にコモディティ化しているビジネスパーソンはもちろんのこと，今後，扱っている製品・サービスがコモディティ化してしまうのではないか，と心配するビジネスパーソンにとっても，本書を読み進めることで有益な知見が得られることだろう。

　本書が技術経営（MOT）や経営戦略を専門とする研究者はもとより，「脱コモディティ化」を目指す製品開発や経営戦略に携わるビジネスパーソンに示唆を与える一冊となることを願いながら世に送り出したい。

2019年1月

陰山　孔貴

目　次

はしがき

第1章　日本の製造業とコモディティ化 …………………… 13
1．日本の製造業の現状と問題設定　13
2．「共有されていない製品価値」という概念と本書の構成　16

第2章　コモディティ化と価値づくり …………………… 19
1．脱コモディティ化を実現する鍵概念　19
2．コモディティ化が生じるメカニズム　19
- 2.1　コモディティ化が生じる前提条件・19
- 2.2　コモディティ化が生じるメカニズムについて分析を行った先駆的な研究・20
- 2.3　アバナシー・アターバック・モデルと脱成熟化・21
- 2.4　変化，多様化する顧客ニーズに対応した製品開発：単一製品・23
- 2.5　変化，多様化する顧客ニーズに対応した製品開発：複数製品・24
- 2.6　マス・カスタマイゼーションの実現とオーバーシュートの発生・26
- 2.7　製品関与度と製品知識・判別力という消費者特性・28

3．脱コモディティ化を実現する価値づくり　30

- 3.1 「共有されていない製品価値」という概念・30
  - 3.1.1 意味的価値と機能的価値・31
  - 3.1.2 内向きの価値（こだわり価値）と外向きの価値（自己表現価値）・32
  - 3.1.3 見えない次元の価値・32
  - 3.1.4 価値次元の可視性が低いイノベーションを抑える4つの圧力・33
- 3.2 複数の次元による概念整理・35
  - 3.2.1 使用価値と交換価値・36
  - 3.2.2 使用価値と交換価値の分離の困難性・38
  - 3.2.3 製品価値の機能と意味・39
  - 3.2.4 企業が思い描く市場像・40
  - 3.2.5 企業と市場・41
  - 3.2.6 企業内における正当性の獲得・42
  - 3.2.7 競争的使用価値・43
  - 3.2.8 競合企業間の共創・44
  - 3.2.9 喪失しやすい価値と創出しやすい価値・45
  - 3.2.10 企業と市場間の相互学習・46
- 3.3 「共有されていない製品価値」という概念・47
4. 本研究を行うための理論的基礎　49

第3章　研究方法の検討　51

1. 4つの研究課題　51
   - 1.1 組織内でどのように正当化されていくのか：研究課題①・51
   - 1.2 どのように市場において正当化され価値となるのか：研究課題②・52
   - 1.3 製品価値が競争によってどのように変化していくのか

　　　　：研究課題③・52
　　1.4　脱コモディティ化のメカニズムとはどのようなものか
　　　　：研究課題④・53
2. 事例研究と定量的分析手法の活用：
　　研究方法の選択　53
　　2.1　ヘドニック・アプローチ分析と
　　　　確率的フロンティア分析・55
　　2.2　ヘドニック・アプローチ分析・56
　　　　2.2.1　利点と欠点・56
　　　　2.2.2　基盤となる考え方・57
　　　　2.2.3　製品価値測定の理論的検討・59
　　2.3　確率的フロンティア分析・60
　　　　2.3.1　利点と欠点・61
　　　　2.3.2　製品価値測定の理論的検討・62

第4章　完全な成熟市場でなぜ「脱コモディティ化」が実現できたのか：
オーブンレンジ市場の事例研究 …… 65

1. 日本のオーブンレンジ市場の概要　65
2. ヘルシオの開発とオーブンレンジ市場　67
　　2.1　ヘルシオの製品開発・67
　　　　2.1.1　過熱水蒸気とは・68
　　　　2.1.2　過熱水蒸気研究の開始・68
　　　　2.1.3　電化商品開発センターと事業部間の連携・70
　　　　2.1.4　原理モデルの開発・70
　　　　2.1.5　加熱の仕組み・71
　　　　2.1.6　過熱水蒸気による3つの効果・72

- 2.1.7 新キーワード:「健康調理」・73
- 2.1.8 ウオーターオーブン・プロジェクトチームの発足・73
- 2.1.9 「ヘルシオ」という製品名の誕生・74
- 2.1.10 シンメトリー（左右対称）な外観・74
- 2.1.11 新製品発表会・76
- 2.1.12 販売方法・78
- 2.1.13 製品カタログ・78
- 2.1.14 営業部隊の活躍とアカデミック・マーケティング・79
- 2.1.15 発売とその反響・80
- 2.2 スチームエレックの開発・81
  - 2.2.1 開発のきっかけ・82
  - 2.2.2 実験へのスチームクリーナーの活用・83
  - 2.2.3 開発決定・84
  - 2.2.4 設計開始・84
  - 2.2.5 発売・85
- 2.3 2005年のオーブンレンジ市場・86
  - 2.3.1 2005年のシャープの動き・86
  - 2.3.2 2005年の競合企業の動き・86
- 2.4 2006年のオーブンレンジ市場・87
  - 2.4.1 2006年のシャープの動き・87
  - 2.4.2 2006年の競合企業の動き・88
- 2.5 2007年のオーブンレンジ市場・88

3. オーブンレンジ市場の経験的研究の結果　89

第5章 オーブンレンジ市場の製品価値の定量化 ……… 93

1. 共有されていない製品価値測定の実践的検討　93
2. ヘドニック・アプローチ分析を用いた
製品価値の定量化　97
    2.1　推定結果：市場はどのように判断したのか・98
    2.2　定量化のまとめ・101
3. 確率的フロンティア分析を用いた製品価値の定量化　102
    3.1　推定結果・102
        3.1.1　2004年のオーブンレンジ市場・103
        3.1.2　2005年のオーブンレンジ市場・104
        3.1.3　2006年のオーブンレンジ市場・106
        3.1.4　2007年のオーブンレンジ市場・108
    3.2　2004年から2007年までのオーブンレンジ市場・111
4. 製品価値の定量化によって明らかとなったこと　111

第6章 価値づくりと競合企業による共創メカニズム：
経験的研究についての考察 ……… 113

1. 4つの考察　113
2. 組織内でどのように正当化されていくのか：考察①　113
3. どのように市場において正当化され価値となるのか：考察②　115
4. 製品価値が競争によってどのように変化していくのか：考察③　117
5. 脱コモディティ化のメカニズムとはどのようなものか：考察④　118

第7章 脱コモディティ化の論理 …… 121

1. 本研究の鍵概念と研究方法　121
    1.1　脱コモディティ化を実現する鍵概念の模索・121
    1.2　研究方法の検討・122
    1.3　オーブンレンジ市場の分析・122
2. 脱コモディティ化の論理　123
    2.1　組織内における正当化プロセス・123
    2.2　市場に対する正当性獲得プロセス・124
    2.3　競争による価値の共創・126
    2.4　脱コモディティ化のメカニズム・126
    2.5　脱コモディティ化を実現する困難性・127
3. 学術的インプリケーション　129
    3.1　共有されていない製品価値という新たな概念の提示・129
    3.2　共有されていない製品価値の定量化・129
    3.3　ヘドニック・アプローチ分析と確率的フロンティア分析の活用・130
    3.4　健康調理というコンセプト・130
    3.5　競争が価値を創造する・130
    3.6　組織内における正当性獲得の重要性・131
    3.7　優れた技術革新と資源動員の必要性・131
    3.8　社会に存在する構造的な要因や物的要因との関係・132
    3.9　脱成熟化を生じさせる組織の成員たちの働き・132
    3.10 競争戦略・133
4. 脱コモディティ化の実現に向けて　133
    4.1　社会的な正当性・133

4.2　競合企業のベンチマーク・134
　　　4.3　企業間競争のプラスの側面・134
　　　4.4　連続した共有されていない製品価値創出の必要性・134
　5．今後の研究課題　135

あとがき　137
参考文献　139
索　　引　149

▶コラム
　価格とコストの関係　　15
　アバナシー・アターバック・モデル　　22
　オーバーシュートの発生とコモディティ化　　29
　イノベーションの創出を抑える４つの圧力　　35
　持続的イノベーションと破壊的イノベーション　　44
　日本の電子レンジ・オーブンレンジの歴史　　66
　ヘルシオブランドの拡大　　81

第1章　日本の製造業とコモディティ化

1．日本の製造業の現状と問題設定

　近年，製品開発，とりわけ家電製品の製品開発を取り囲む状況に大きな変化が生じている。その大きな変化とは，製品のモジュール化の進展，経済のグローバル化である。この社会の変化の中で，過去になされてきた製品の機能に注目した製品開発研究に対する限界も指摘されるようになってきている[1]。製品のモジュール化は，より進んだ分業を可能とし，企業はそれぞれの分野で選り抜きのサプライヤーから調達した部品を組み合わせるだけで，顧客ニーズにある程度こたえられる製品を作ることを可能とした。経済のグローバル化は，各国企業の技術力を向上させ，その差を小さなものとし，顧客が求めるレベルの製品を作ることができる企業数を増加させた。これらの結果，企業間競争は激化し，コモディティ化と呼ばれる状況が生じることとなった（榊原・香山，2006）。さらに，こうした動きは，家電製品のみならず，それ以外の製造業にも広がりつつある。

　このような社会状況を踏まえ，経営学においてもコモディティ化についての研究が，近年，多数なされている[2]。そして，それぞれの研究において，コモディティ化についてのさまざまな定義がなされている。たとえば，楠木（2006，2010）は「製品やサービスの価値が価格という最も可視的な次元に一元化され，価値次元の可視性が極大化した状況のこと」とし，楠木・阿久津（2006）は「市場において，ある商品カテゴリにおける競合企業間で製品やサービスの違いが価格以外にはないと顧客が考えている状態のこと」としている。また，

Christensen and Raynor (2003) は「差別化できず企業の収益が悪化すること」,榊原 (2006) は「低価格以外に格別の差別化手段をもたない日用品になること」,そして,延岡・伊藤・森田 (2006) は「参入企業が増加し,商品の差別化が困難になり,価格競争の結果,企業が利益を上げられないほどに価格低下すること」としている。本書では,これらのコモディティ化の定義には,内容として,大きな相違はないと考え,延岡・伊藤・森田 (2006) の定義を採用している。

日本の製造業のコモディティ化の現状を**図1-1**に示す。図1-1は1970年から2016年までの47年間の日本の製造業の売上高営業利益率の推移を示した図である。この図を見ると,小さな波はありつつも,大きな流れでは日本の製造業の売上高営業利益率が減少傾向にあることがわかる(三品,2004)。

さらに,個別な産業を見ていくと,たとえば,デジタルカメラ(一眼レフを除く)の日本市場の価格は,1995年から2003年というわずか8年間で,20分の1まで低下している(伊藤,2005b)。また,電子情報技術産業協会の調査によると,CRTテレビの平均価格が半値になるまでに要した期間は13年であったのに対し,PDPテレビの平均単価が半値になるまでに要した期間はわずか4年となり,VHSビデオでも平均価格が半値になるまでに要した期間は6年であったのに対して,DVDレコーダでは2年となっている。

図1-1　日本の製造業の売上高営業利益率の推移

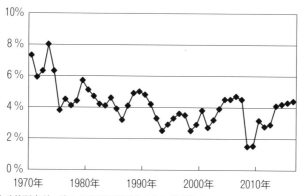

出所:財務総合政策研究所　法人企業統計調査をもとに筆者作成

こうした結果，経営学においても，機能のみに焦点をあてた製品開発では脱コモディティ化を実現することは難しいという指摘がなされ，既に多くの人々に共有された製品の機能ではない製品価値に注目すべきであるという主張がなされている（延岡，2006a，2006b，2008，2010，2011；楠木，2006，2010；楠木・阿久津，2006）。本書では，これらの議論を受けて，経験的研究を行うことによりこの価値が実際にどのように脱コモディティ化実現に寄与するのかを明らかにし，それを製品開発に活かすための具体的方策を探ることと設定する。

> ### コラム
>
> **価格とコストの関係**
>
> 　新しく創出された製品は最初，コストの方が価格より高いことが多い。しかし，累積生産量が増加するとともに，経験効果（作り手の経験が蓄積され，安くつくるコツや工夫を得ること）や規模の経済性（大量に生産・販売することによってコストが下がること）により利益の得られる状態となる。しかし，過当競争によりコスト以上に価格が下がると，利益の得られない状態となる。
>
> 　多くの市場で過当競争が行われることにより，利益の得られない状態が生じている。
>
> **コストと価格の関係**
>
>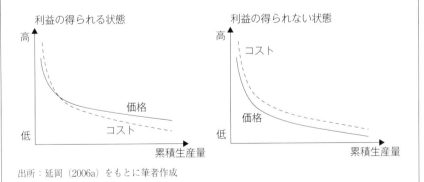
>
> 出所：延岡（2006a）をもとに筆者作成

2.「共有されていない製品価値」という概念と本書の構成

　本書の構成は，以下のとおりである。
　第2章では，製品のコモディティ化が生じるメカニズムについて文献展望を行う。さらに，製品価値とは何かということに関する諸研究などについても検討を加えていく。本書ではそのプロセスを経た後,「共有されていない製品価値」という概念を新たに提示する。この概念に対しての詳細は後述するが,「その製品固有の特性として企業と市場間において共通認識がまだもたれていない製品の特性からなる価値」と本書では定義している。
　第3章では研究方法について検討する。詳細については後述するが，事例研究と定量的な分析手法であるヘドニック・アプローチ分析と確率的フロンティア分析を本書では活用した研究を行う。
　第4章では，オーブンレンジの事例研究を行う。事例としてオーブンレンジ市場を選択した理由は，この市場が価格競争が激化している近年の電機産業では珍しく，2004年以降，平均単価が上昇傾向にある市場だからである。本書では，その発端となったヘルシオ（製品名）の開発プロセスから，その後の市場における競合企業間の競争と共創のダイナミズムも含めて，さまざまな資料をもとに事例研究としての再構成を図り，共有されていない製品価値が脱コモディティ化実現にどのように寄与しているのかについて定性的な視点から分析を行う。
　第5章ではヘドニック・アプローチ分析と確率的フロンティア分析を活用し，オーブンレンジ市場の共有されていない製品価値を定量化し，その価値が脱コモディティ化実現にどのように寄与しているのかについて定量的な視点から分析を行う。
　第6章では，第4章，第5章の経験的研究についての考察を行う。また，本書で明らかになった共有されていない製品価値が脱コモディティ化実現に寄与

するメカニズムについても示す。

　第7章では，結論とインプリケーションを提示する。先行研究の検討をもとに作成した枠組みを再提示するとともに，それに基づいた事例研究および定量的分析から得られた結果を示した上で，その考察から得た結論を述べる。さらに，その学術的インプリケーション，実践的インプリケーションを提示し，最後に本書が有する今後の課題についても述べる。

注

1　たとえば，延岡（2006a, 2006b, 2008, 2010, 2011），延岡・軽部（2012），延岡・高杉（2010），楠木（2006, 2010），楠木・阿久津（2006），陰山・竹内（2016, 2018），長内（2012），青木（2011），三宅（2012），宮尾（2009, 2011, 2016）

2　たとえば，延岡（2006a, 2006b, 2008, 2010, 2011），延岡・伊藤・森田（2006），延岡・軽部（2012），延岡・高杉（2010），楠木（2006, 2010），楠木・阿久津（2006），Christensen and Raynor（2003），栗木（2009），恩蔵（2006, 2007），陰山・竹内（2016, 2018），D'Aveni（2010），長内（2012），榊原・長内（2012），榊原（2006），青木（2011），Pine and Gilmore（2000），Prahalad and Ramaswamy（2004），Schmitt（1999, 2003），石井（2010），藤川（2006），池尾（2010），工藤（2009），Kim and Mauborgne（2005）などがある。

第2章 コモディティ化と価値づくり

1. 脱コモディティ化を実現する鍵概念

　本章は，本書の理論的な出発点としての役割を担い，以後で展開される経験的研究の理論的基礎となる。

　本章では，まず，コモディティ化が生じるメカニズムについて文献展望を行う。さらにその後，製品価値とは何かということに関する諸研究についても検討を加えた上で，複数の次元で定義した「共有されていない製品価値」という概念を新たに提示する。

2. コモディティ化が生じるメカニズム

2.1 コモディティ化が生じる前提条件

　ミクロ経済学によればコモディティ化という現象が生じるには，3つの前提条件が必要となる。

　その3つの前提条件とは，
1. 市場に多数の競合企業が存在する
2. それらの企業が代替的な製品を需要を満たすのに十分なだけ生産できる
3. それらの企業が共謀して価格を維持しない

という条件である。

このような条件下にいる企業は競合企業との競争に打ち勝つため，競合企業よりも低い価格設定を行う。そして，その行為が繰り返された結果，企業が利益を上げられないほどに価格が低下するコモディティ化が発生する（Krugman and Wells, 2006）。

　現実社会の企業は，このような状況を避けるため，競合企業間で価格に対して暗黙の共謀を行ったり，1つの企業が産業全体の価格を決めるプライス・リーダーシップ（価格先導制）をとったりすることがある。ただ，このような試みも寡占状態でなら成り立つこともあるが，市場における競合企業が多くなると，その維持は困難となり企業に残された道は差別化された製品を生み出すことになる（Krugman and Wells, 2006）。

　特に近年においてはグローバル化という大きな流れの中で，多くの産業において競合企業が増加しやすい状況となっており，競合企業間での価格に対する暗黙の共謀や価格をある特定の企業が決めるプライス・リーダーシップ（価格先導制）を行うことがより困難となっている。結果として，企業は価格競争から逃れるため製品差別化に最大の努力を費やすことになる。

2.2　コモディティ化が生じるメカニズムについて分析を行った先駆的な研究

　前項の2.1では，経済学の視点からコモディティ化という現象を見てきたわけだが，経営学においてもコモディティ化については過去から研究がなされている。その先駆的な研究として，Abernathy（1978）やAbernathy and Utterback（1978）の研究がある。

　Abernathy（1978）は自動車産業を研究対象とし，その考察の中心に生産単位を置き，その製品技術と製造技術の相関性と統一性から分析を行っている。彼らの研究の結果，明らかになったことは自動車産業の製造形態においては，生産的に非効率だが柔軟性があり変化を受け入れることができる流動的なものから，生産的には効率的だが，柔軟性には乏しい固定的なものへと移り変わることによりコモディティ化が生じるということである。

Abernathy and Utterback（1978）はこの現象が，流動的段階，過渡的段階，特定的段階という3つの段階を経て生じることを指摘している。このモデルは「アバナシー・アターバック・モデル」と呼ばれている。

流動的段階は，製品がそもそもどういうものであるのかが固まっていない段階である。ユーザーも明確な評価基準をもたず，多様な製品を多様な軸で試行錯誤しながら評価する。とりわけ多様な解釈が併存する局面である。製品技術が不確実なため，生産プロセスも柔軟性が不可欠であり，特定の生産工程にコミットメントすることはできず，開発の主たる努力は，製品技術に向けられ，製造技術には向けられない段階である。

過渡的段階では，企業と市場で製品に関する理解が蓄積されていくとやがて支配的なデザインが登場する。ここで，製品としてもつべき主たる機能と，そのための主要な要素技術が明らかになる。その結果，製品技術は定められた機能を向上することに主たる努力が注がれる。その結果，普及のテンポがはやまり，増加する需要に応じられる工程を実現していくことが重要になり，開発の焦点が製品から工程へ移行する。材料はより特化したものになり，高価な専用の機械設備が開発，導入され，生産工程の効率化が追求されるようになる。

特定的段階では，効率的な工程が確立され，生産プロセスの柔軟性は失われていき，製品と生産プロセスの関係は密接なものとなる。その結果，企業間競争は製品差別化を実現する製品技術ではなく製造におけるコストが焦点となり，コモディティ化が生じることになる。

2.3 アバナシー・アターバック・モデルと脱成熟化

Abernathy（1978）やAbernathy and Utterback（1978）が示したアバナシー・アターバック・モデルの特徴は，彼らが生産単位を議論の中心においていたことからも明らかなように，コモディティ化が生じるメカニズムを生産者側の視点から分析したものであった。しかし，Abernathy（1978）やAbernathy and Utterback（1978）の研究後，自動車産業での国際競争のさらなる激化と市場の要求の多様化という流れの中で，高い業績をあげる日本企業

> **コラム**
>
> **アバナシー・アターバック・モデル**
>
> 　新しい製品が創出された初期の段階では，多くの製品イノベーションが起こる。そして，次々に起こる製品イノベーションに対応するために，この製品をつくる生産工程は生産的に非効率だが柔軟性があり変化を受け入れることができる工程となる。その後，時間がたち製品イノベーションの数が減ってくると，工程イノベーションが増える。その結果，生産工程は流動的なものから，生産的には効率的だが，柔軟性には乏しい固定的なものへと移り変わる。
>
> 　このモデルは「アバナシー・アターバック・モデル」と呼ばれており，技術経営（MOT）の分野で最も有名なモデルの1つである
>
> **アバナシー・アターバック・モデル**
>
>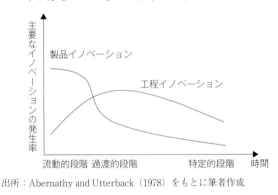
>
> 出所：Abernathy and Utterback（1978）をもとに筆者作成

の出現により，Abernathy et al.（1983）はこのモデルに修正を加えることとなる。

　その修正内容は，流動的段階から特定的段階への移行傾向が決して硬直的なものではなく，逆行の可能性があることであった。Abernathy et al.（1983）は，この逆行のことを「脱成熟」と呼んだのである。

　Abernathy et al.（1983）は，この逆行が生じるのは，顧客ニーズの変化，代替製品の急変や新たな技術の導入などが生じた時であると指摘している。つまり，顧客ニーズの変化，代替製品の急変や新たな技術の導入などによって，需要と供給との間のコンセンサスが崩壊し，再び，需要と供給間において学習

過程が開始されると，特定の環境条件においては適合していた生産システムが脆弱となり，逆行を生じさせることが可能となる（Abernathy et al., 1983）。

Abernathy et al.（1983）によって修正が加えられたこのモデルの特徴は，彼らが逆行が生じる際の条件の1つとして，顧客ニーズの変化をあげていることからも明らかなように，Abernathy（1978）や Abernathy and Utterback（1978）が指摘した生産者の視点だけではなく，新たに市場という視点も加え，モデルの修正を行っている点である。

2.4 変化，多様化する顧客ニーズに対応した製品開発：単一製品

Abernathy et al.（1983）の研究以降，高い効率性を維持しつつ，変化，多様化する顧客ニーズに対し，柔軟に対応することが製品差別化を実現し，コモディティ化への対抗手段になるとして，そのような高い柔軟性を有した製品開発プロセスに対する研究が行われるようになる。このタイプの先駆的な研究としては，今井らによって行われた一連の研究（Imai et al., 1985；竹内・野中，1985；Takeuchi and Nonaka, 1986）がある。

今井らは，日本の5つの産業（パーソナル・コンピュータ，プリンタ，複写機，自動車，カメラ）に属する大手企業7社で行われた7つの新製品開発プロジェクトを対象とし，製品開発プロセスの詳細な調査を行っている。その調査の結果，今井らは変化，多様化する顧客ニーズに対応しながらも，効率性の高い製品開発を実現するためには，逐次段階的な「リレー型」の製品開発ではなく，開発フェイズをオーバーラップさせた「ラグビー型」の製品開発が有効であることを指摘している。今井らは，研究対象となった日本企業の製品開発プロセスが「共有された分業」とでもいうように，製品開発の各フェイズが自律性をもちながら，ゆるやかに連結されることによって，フェイズ間の相互作用や濃密な情報共有が促進され，全体として顧客ニーズの変化，多様化に敏感に対応しつつも，効率性の高い製品開発を実現していることを指摘している。

この今井らの一連の研究は，日本企業を対象とした研究であったわけだが，この今井らの研究の流れを受け継ぎ，日米欧の自動車産業の29の新製品開発プ

ロジェクトを調査した研究として，Clark and Fujimoto（1991）がある。Clark and Fujimoto（1991）は自動車の製品開発において，高い効率性を維持しつつ，変化，多様化する顧客ニーズに対し，柔軟に対応し製品差別化を実現するためには，製品がもつ多様な製品属性を全体的に調和，一貫させる「プロダクト・インテグリティ」が重要だと指摘している。

そして，Clark and Fujimoto（1991）は，プロダクト・インテグリティを高めるためには，「外部統合」と「内部統合」の両面を実現した製品開発を行うことが必要であると指摘している。外部統合とは，顧客ニーズに合った特色ある製品コンセプトを創出し，それを製品へと反映させる機能である。また，内部統合とは，部品同士がピッタリとはまり，うまく作動させることを可能とする機能である。自動車の開発において内部統合が必要なのは，自動車が内部構造が極めて複雑な製品であり，多様な機能部門が開発に関与するためである。そして，この内部統合と外部統合を実現し，高いプロダクト・インテグリティを実現する担い手を，Clark and Fujimoto（1991）は「重量級プロダクト・マネージャー（heavy weight product manager；HWPM）」という概念で示している。

Clark and Fujimoto（1991）が言う重量級プロダクト・マネージャー（HWPM）とは，内部統合と外部統合の両方の機能を果たし，製品コンセプト作成の責任者でありながら，生産，営業，設計現場への影響力も強いリーダーのことである。重量級プロダクト・マネージャー（HWPM）は，当該プロジェクトに関しては，各機能部門長よりも強い権限をもっており，単なる調整役にとどまらず，自らが創造したコンセプトをもとに，製品全体を強力にまとめ上げ，顧客ニーズの変化，多様化に敏感に対応しつつも，効率性の高い製品開発を行うことにより，製品差別化を実現する役割を果たすのである（Clark and Fujimoto, 1991）。

2.5 変化，多様化する顧客ニーズに対応した製品開発：複数製品

1990年代になると，さらに，変化，多様化する顧客ニーズに対応するために，

市場の製品の種類は増加する（延岡, 1996）。この状況に対応するために，今井らの一連の研究（Imai et al., 1985；竹内・野中，1985；Takeuchi and Nonaka, 1986）や Clark and Fujimoto（1991）のような単一製品の開発の効率化を目指した研究ではなく，複数の製品を同時に，極力，コストをかけずに開発できる方法を探る研究が行われるようになる。たとえば，延岡（1996）は日米欧の17の自動車企業において1980年から1991年の12年間に実施された210の新製品開発プロジェクトを対象として，複数プロジェクトの管理手法について研究を行っている。

　延岡（1996）は複数プロジェクトの管理手法を「新技術戦略」，「並行技術移転戦略」，「既存技術移転戦略」，「現行技術改良戦略」の4つに分類して研究を行っている。

　新技術戦略は，コア技術（プラットフォーム（車台））を製品開発プロジェクトの中で独自に開発する戦略である。並行技術移転戦略は，現在進行中の他の製品ライン（プロジェクト）からコア技術を移転し流用する戦略であり，既存技術移転戦略は，既に開発を終了した他の製品ラインからコア技術を移転し流用する戦略である。そして，現行技術改良戦略は，同じ製品ラインの現行製品のコア技術を再利用する戦略である。

　市場占有率をパフォーマンス指標として，延岡（1996）は，これら4つの戦略タイプとの関係を分析した結果，並行技術移転戦略が市場占有率の向上に有意に影響を与えることを明らかにしている。また，延岡（1996）は開発工数においても，並行技術移転戦略を採用したプロジェクトの工数が，他の戦略を採用したプロジェクトよりも有意に少ないことを明らかにしている。延岡（1996）は，これらの分析結果からコア技術（プラットフォーム）を共有する複数製品の開発を重複して行うことが，顧客ニーズへの対応と開発工数の低減につながることを指摘している。

　延岡（1996）の研究は，顧客の多様化するニーズに対応するために，企業が複数の製品開発を行っても，コストを極力かけない開発手法について明らかにした研究である。つまり，延岡（1996）の研究は，本章でここまで概観してき

たコモディティ化を生じさせないために，多様化する顧客ニーズに対応することに焦点をあてた先行研究とは少し焦点が異なる研究である。言うなれば，延岡（1996）の研究はコモディティ化を回避するためには，ただ単に製品の価値を高めるだけでは不適であり，コストを極力かけない方法を併せて考えることの重要性を示した研究である。コモディティ化を回避するためには，製品価値を高めると同時に，コストを極力かけない製品開発の実現が求められるのである。

2.6 マス・カスタマイゼーションの実現と オーバーシュートの発生

前項2.5，前々項2.4では，製品差別化を実現するために，顧客ニーズの変化，多様化に敏感に対応しつつも，効率性の高い製品開発を行う方法に注目した先行研究を概観してきた。これらの研究は，言い換えれば，「マス・カスタマイゼーション」をいかに実現するかについての研究であった。

マス・カスタマイゼーションとは，個別の顧客ニーズにあわせるカスタマイゼーションと，製品技術をなるべく標準化することによって大量生産を実現し，低コストを可能とするマス・プロダクションを組み合わせた手法である（延岡, 2002, 2006a；Pine, 1993）。企業は，このマス・カスタマイゼーションを活用することにより，製品開発や製造に投入される資源の最小化を行いつつも，多様な顧客ニーズに対応し，顧客価値の最大化を目指すのである。

マス・カスタマイゼーションを実現することは困難なことであり，過去においては限られた企業しかその実現は行えなかった。しかし，近年では，モジュール化の進展，経済のグローバル化により，マス・カスタマイゼーションを行える企業の数が増加している。

製品のモジュール化の進展は，より進んだ分業を可能とした（Christensen and Raynor, 2003）。過去に多くなされていたインテグラル型アーキテクチャの製品では，システムの主要要素のどれか1つを製造するためには，全ての要素を製造する必要があったのに対し，モジュール化が進むと外部委託が可能とな

り，1種類の構成要素を供給して利益を得ることが可能となったのである（藤本，2001，2004）。その結果として，企業はそれぞれの分野で選り抜きのサプライヤーから調達した部品を組み合わせるだけで，顧客ニーズにこたえられる製品を作ることが可能となったのである。さらに，経済のグローバル化は各国企業の技術力を向上させ，その差を小さなものとし，世界の多くの企業においても，顧客ニーズにこたえられる製品を作ることが可能となったのである。

また，マス・カスタマイゼーションを実現できる企業が増加した理由には，これら以外にも，多くの製品において，製品が有する機能が顧客や企業にとって共有化され，解釈の幅が狭まったという点がある。製品が有する機能に対する解釈の幅が狭まれば，その機能の値や有無によって，製品の価値の増減が，比較的容易に推測されることになる。その結果，企業は具体的な機能の数値や搭載を目標に置き，製品開発を行うことができるため，多くの企業がマス・カスタマイゼーションを実現できるようになったのである。

しかし，モジュール化の進展，経済のグローバル化，機能の解釈の幅が狭まるという現象は，製品開発に負の要素ももたらした。モジュール化の進展と経済のグローバル化は多くの企業が顧客ニーズにこたえる製品を作ることを可能としたため，競合企業間の競争を激化させた。また，機能の解釈の幅の狭まりは企業間競争の焦点を明確にさせ，その焦点となった機能の数値の向上や搭載のスピードを速めることとなった。そして，これらの結果「オーバーシュート」という現象が新たに生じることになったのである。

オーバーシュートとは，企業が行う差別化競争の結果，製品の機能が過剰供給され，顧客の求める水準を超えてしまう現象のことである（Christensen, 1997；Christensen and Raynor, 2003）。このオーバーシュートには2つのタイプが存在する（延岡，2006a）。

1つ目のタイプは，機能に対するオーバーシュートである。たとえば，デジタルカメラであれば「イメージセンサー（CCD）は500万画素までは欲しいが，それ以上は必要ない」やパソコンであれば「CPUの速さやハードディスクの容量についてこれ以上は必要ない」という顧客が欲しいと思う機能には上限が

存在する。顧客ニーズを超えてしまうとオーバーシュートが生じることになる。
 2つ目のタイプは，機能の広がりにおけるオーバーシュートである。このオーバーシュートは顧客のニーズがデジタルカメラの画素数やパソコンの速さなどの単純な機能ニーズに限定され，広がりを見せない時に生じる。実際，多くの企業は競合他社との差別化を行うために，新たな機能を搭載した製品を開発するが，それは多くの顧客にとっては意味のない機能であることがある。たとえば，我々が使うスマートフォンも多くの機能が搭載されているが，おそらく多くの人はその一部を活用しているのみであろう。

 このオーバーシュートが生じれば，その市場は遅かれ早かれ，コモディティ化に陥ることとなる。なぜなら，オーバーシュートが発生したということは企業が製品開発に力を注いでも，それは製品の価値の向上にはつながらないことを示しているからである。この結果，オーバーシュートが発生した市場においては，企業間競争の焦点は製品の機能ではなく，価格という最も可視的な次元に一元化されることになり，コモディティ化が生じるのである（楠木，2006, 2010）。

2.7 製品関与度と製品知識・判別力という消費者特性

 これまでの議論から明らかになったように，コモディティ化が発生する主要因はオーバーシュートという現象である。そして，このオーバーシュートと製品関与度，製品知識・判別力という消費者特性には大きな関わりがある（池尾，2010；青木，2011）。

 製品関与度とは，当該製品に対する消費者の思い入れやこだわりの程度のことである。その製品が顧客の中心的な価値と強く結びついているほど関与度は高くなる傾向がある（青木，2010）。また，製品知識とは当該製品の属性や個々のブランドの特徴などに関して消費者が保有する知識のことであり，製品判別力とは，そのような製品知識に基づきブランド間の差異を知覚・判別する能力のことである（青木，2011）。

 一般的に，製品関与度や製品知識・判別力が高いほど，顧客がその製品に対

> **コラム**

オーバーシュートの発生とコモディティ化

オーバーシュートとは，企業が行う競争の結果，製品の機能が過剰供給され，顧客の求める水準を超えてしまう現象のことである（Christensen, 1997; Christensen and Raynor, 2003）。

顧客の求める水準をこえた後は価格競争となりコモディティ化が生じることとなる。

オーバーシュートの発生とコモディティ化

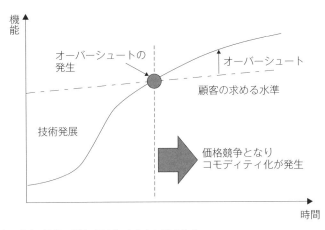

出所：延岡・伊藤・森田（2006）をもとに筆者作成

し対価を支払うと言われている。また，関与度の高い顧客は，総じて多くの製品知識や高い判別力をもつことが多く，高い判別力を持つ顧客の関与度も高いことが予想される。つまり，顧客毎に製品関与度や製品知識・判別力には高い，低いがあり，オーバーシュートが発生するタイミングは対象となる製品が同じであっても顧客毎に異なることを意味する。

つまり，市場の状態は，一般的に製品の普及の初期の段階においては，関与度が高く十分な判別力をもつ顧客の比率が高い状態だが，製品の普及に伴い，低関与度・低判別力の顧客が増加する。この結果，関与度が高く十分な判別力をもった顧客の比率は低下し，市場全体としての製品関与度と製品判別力が低

下する（池尾，2010）。これに伴い，市場全体としての製品への対価の支払いは低下することになり，コモディティ化が発生しやすくなる。

3．脱コモディティ化を実現する価値づくり

3．1 「共有されていない製品価値」という概念

　コモディティ化を発生させる主要因であるオーバーシュートの発生を抑えることができるのではないかと，議論がされている概念がある。それは延岡（2006a，2006b，2008，2010，2011；延岡・高杉，2010）によってなされている一連の研究の鍵概念となっている「意味的価値」である。

　意味的価値とは，「機能を超えて顧客が主観的に意味づける価値」のことである。つまり，既に多くの人々に共有されている製品の機能ではなく，顧客の深層的な好みや顧客が置かれている特別な状況（コンテクスト）から創出される製品の価値に注目した価値である。この価値は，多くの顧客にとって共有され解釈の幅が狭まり普遍的な価値を有する製品の機能と異なり，顧客の深層的な好みや顧客が置かれている特別な状況（コンテクスト）から創出されるため多義性が高く，競合企業がそれを模倣することは困難であり，長期間においてオーバーシュートが発生しないのではないかと考えられている（延岡，2008）。

　「意味的価値」（延岡，2006a，2006b，2008，2010，2011；延岡・高杉，2010，2014）と同じように機能ではない製品の価値に注目した研究は，他にも行われている。たとえば，「見えない次元の価値」（楠木，2006，2010；楠木・阿久津，2006），「経験価値」（Schmitt, 1999, 2003），「感覚的・意味的・情報的価値」（鳥居，1996），「情緒的価値」（遠藤，2007），「経験経済」（Pine and Gilmore, 2000），「サービス・ドミナント・ロジック」（Vargo and Lusch, 2004, 2008）などと呼ばれている概念がある。なお，これらの中で，本書で行っている技術経営（MOT）の研究分野において我々が重要だと考えている概念は，「意味的価

値」（延岡，2006a，2006b，2008，2010，2011；延岡・高杉，2010，2014），「見えない次元の価値」（楠木，2006，2010；楠木・阿久津，2006）であり，以下にそれぞれの概念の特徴について述べていくこととする。

3.1.1　意味的価値と機能的価値

　延岡の研究（延岡，2006a，2006b，2008，2010，2011；延岡・高杉，2010，2014）では，意味的価値に対する概念として，機能的価値という概念も示されている。なお，機能的価値とは「客観的な評価基準の定まった技術や機能を中心とした価値」のことである。

　延岡が，この一連の研究において強く主張している点は，高めるべき製品価値の多くの部分は機能的価値ではなく意味的価値が担っているという点である。たとえば，身につけるもの，衣類，時計，めがね，かばんなども，機能だけで製品価値が全て決まっているものはほとんどない（延岡，2006a，2006b，2008，2010；延岡・高杉，2010，2014）。このように，機能によってのみ製品価値が決まっている場合は極めて少ないにもかかわらず，企業内において製品価値を議論する場合，機能が議論の中心にされることが多い。なぜなら，意味的価値は顧客の主観的な意味づけに依存するため，商品企画や事業計画段階で市場分析によって意味的価値の内容を企画したり，その価値をベースとした価格や販売量を計画したりすることが極めて難しいためである。

　製品の開発段階におけるマネジメントに際しても，意味的価値の達成度合いを測定し，精度の高い目標管理を行うことは困難である。さらには，製品の開発メンバー間でのコミュニケーションも数字やスペックで表される機能的価値とは異なり困難となる。結果的に意味的価値の重要性が高いにもかかわらず，それに関する議論が疎かになるのである（延岡，2008）。

　また，ヒット製品がうまれ，その要因を事後的に分析する際にも過度に機能的価値が強調される傾向がある（延岡，2006a，2006b，2008，2010，2011）。たとえば，アップル社のiPodやiPhoneのヒットについても，製品コンセプトやデザインを含めた製品全体を評価した主観的な意味的価値が大きいと思われ

るが，音楽のダウンロード機能（iTunes）やハード・ソフトの個別機能における優位性がヒットの要因として強調される場合が多い。

3.1.2　内向きの価値（こだわり価値）と外向きの価値（自己表現価値）

さらに，延岡（2006b）は，この意味的価値を内向きの価値（こだわり価値）と外向きの価値（自己表現価値）の2つの要素に分けている。

内向きの価値（こだわり価値）とは，「製品の持つ特別な特性のために，それを所有したり使用したりする場合に，顧客自身が楽しみや喜びを感じることができる価値」のことである（延岡, 2006b）。たとえば，乗用車であれば，人や物を運搬する機能とは直接関係のない，微妙な操縦性やエンジンサウンドなどである。または，デザインの芸術性や実質機能とは関係のない品質感などがあげられる。

外向きの価値（自己表現価値）とは，「他人に対して自分を表現したり誇示したりできることに関する価値」のことである（延岡, 2006b）。乗用車であればステイタス性やカッコ良さを他人に表現できる価値であり，アパレル製品であれば多くの顧客はこの価値に対して大きな対価を支払っている。

3.1.3　見えない次元の価値

一連の延岡の研究（延岡, 2006a, 2006b, 2008, 2010, 2011；延岡・高杉, 2010, 2014）と同じように，機能ではない製品の価値に焦点をあてた研究として楠木（2006, 2010）の研究がある。楠木（2006, 2010）はこの研究の中で「価値次元の可視性」という概念を示している。なお，価値次元の可視性とは「製品やサービスの価値を普遍的かつ客観的に測定可能な特定少数の次元に基づいて把握できる程度」のことである（楠木, 2006, 2010）。

楠木（2006, 2010）によるとコモディティ化の本質は競争の中で製品やサービスの価値次元の可視性が徐々に高まっていくことにある。つまり，製品やサービスの価値が価格という最も可視的な次元に一元化され，価値次元の可視性が極大化した状況がコモディティ化である。

コモディティ化を回避するためには価値次元の可視性を意図的に低下させ，見えない次元の上に差別化を構築することが必要となる（楠木，2006，2010）。そして，楠木（2006，2010）は価値次元の可視性が低い価値のことを「見えない次元の価値」と呼んでいる。

3.1.4　価値次元の可視性が低いイノベーションを抑える4つの圧力

一方で，楠木（2010）はこの「見えない次元の価値」を有した製品開発を行うことは容易ではないとも指摘している。この理由としては，価値次元の可視性が低いイノベーションの発生には，それを抑える4つの圧力が存在するためである（楠木，2010）。

1つ目の圧力は，組織内部の意思決定プロセス，それ自体から生まれる圧力である。イノベーションを起こす活動は，そもそも不確実でリスクの高い活動である。これに対し，マネジメントが資源配分の意思決定をする際には，それがなぜ必要なのか，それからどのくらいの成果が期待できるのかについて予測を必要とする。そのイノベーションの価値次元が高ければ，組織における資源投入の意思決定の正当性を確保しやすいが，それが低ければ，意思決定の正当性の確保は困難となる（Christensen and Raynor, 2003）。その結果，必然として，企業は価値次元の可視性が高いイノベーションへと資源を振り分けることとなる。逆に，新たな意味を形成するような価値次元の可視性が低いイノベーションにはその意思決定を阻止する大きな圧力がかかることになる。

2つ目の圧力は企業間競争によって生じる圧力である。企業は一般的に機会よりも脅威に強く反応する（楠木，2010）。つまり，企業にとっては価値次元の可視性の高いイノベーションにおいて競合企業に先行されることは深刻な脅威として映る。結果として，企業が努力し，競合企業のベンチマークをすればするほどマネジメントは競合企業が有している価値次元の可視性が高いイノベーションに対して，資源を振り分けることとなる。既存のカテゴリにおける製品開発では競合企業が定まっていたり，製品評価の基準が定まっているため，競合企業の製品を参照し，製品評価の基準にそって製品を改良することができ

る。そのため，競合企業のベンチマークは大きな効果がある。しかし，新たな製品カテゴリを形成するような新たな製品の場合，製品評価の基準も定まっていない。このような不確実性の高い製品開発においては競合企業の情報を利用することはできない。また，既存の製品カテゴリで競争する企業はそもそもそのカテゴリにおいて顧客が既に価値があると判断している製品の特性に焦点をあて，競争を優位に進めるための能力や技術知識の蓄積，組織間関係の構築，組織ルーティンの設計を行っている。そのため，その特性において競合企業との競争を優位にするための組織能力が，逆にその足かせとなって製品カテゴリを形成するような新たな価値の発生を抑制してしまったり，それを実現することを阻んでしまう（Leonard-Barton, 1992）。

　3つ目の圧力は顧客の圧力である。企業は顧客のニーズを知ろうとしてさまざまなマーケティングの努力をする。しかし，顧客がニーズについて何らかの「声」を発する場合，価値次元の可視性が高い価値について指摘することが多い（楠木，2010）。なぜなら，価値次元の可視性が低い価値を指摘することには多大な努力が必要となるためである。つまり，企業が行う「顧客の声をきく」という努力は一般的に企業の目を価値次元の高い価値へと向かわせることとなる。

　4つ目の圧力は投資家やアナリストの圧力である。外部の存在である投資家やアナリストは組織内部のマネジメント以上に価値次元の可視性が高い内容の説明を要求する。なぜなら，価値次元の可視性が高い価値において競合企業に対する比較優位を説明することができれば，少なくとも投資家やアナリストとしては期待する成果との因果関係が理解しやすくなるためである（Christensen and Raynor, 2003）。

　この4つの圧力が，企業が新たな見えない次元の価値を創出することを妨げるのである。

> コラム

イノベーションの創出を抑える4つの圧力

価値次元の可視性が低いイノベーションの創出を妨げる4つの圧力が存在する（楠木，2010）。その4つの圧力は「組織内部の意思決定プロセス，それ自体から生まれる圧力」，「企業間競争によって生じる圧力」，「顧客の圧力」，「投資家やアナリストの圧力」である。

価値次元の可視性が低いイノベーションは，当初，不確定な要素を含んだものであるため，どうしてもこれらの圧力が生じることになる。

イノベーションの創出を抑える4つの圧力

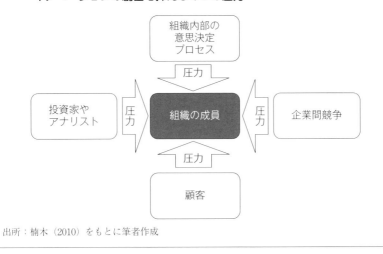

出所：楠木（2010）をもとに筆者作成

3.2 複数の次元による概念整理

前項3.1まで議論してきた意味的価値（延岡，2006a，2006b，2008，2010，2011；延岡・高杉，2010，2014）と見えない次元の価値（楠木，2006，2010；楠木・阿久津，2006）という概念は脱コモディティ化について議論をする際に重要な概念になると考えられる。しかし，これらの概念は研究としての蓄積がいまだ少ない概念でもあり課題も存在する。そこで，本書では，再度，複数の次元で概念整理を行うこととする。

概念整理を行うためには軸を明確にして概念を分けて考える必要がある。まず，本書では製品価値について先駆的な研究である Marx（1867）の研究を活用して概念整理を行っていく。

3.2.1 使用価値と交換価値

製品価値について先駆的な研究である Marx（1867）の研究では，製品価値には2つの見方があるという主張がされている。

1つが製品の使用場面に焦点が置かれた「使用価値」であり，もう1つが交換の場面に焦点が置かれた「交換価値」である。Marx（1867）は使用価値を「商品の有用性」とし，交換価値を「交換を通じて他者の商品を獲得する力能」と定義している。そして，Marx（1867）は使用価値と交換価値の間には大きな差異が存在するとしている。

たとえば，河野（1984）は，この使用価値と交換価値の差異について以下のように論じている。

「むかしの人間は，自分たちが生きるために，自分たちで物をつくり，その使用価値を実現していた（消費と思えばいい）。だからその使用価値は自分たちのためのものであった。このような生産の仕方はしだいに変わってきて物をつくるのがうまい人に，つくってもらうということになっていった。そうするといつも頼まれる人間は，暇なときに，誰かがまた頼みにきたらということで，つくっておくことになる。だからその使用価値をつくる者と，その使用価値を実現する者（消費者と考えてよい）とが違うのである。このことを違ういい方をすれば，他人のための使用価値をつくるということになる。ここで交換ということがはじまる。自分で自分のための使用価値をつくり，その使用価値を実現するのと，他人がつくってくれた使用価値を実現するということは，その物自体が同じでも，交換という社会的な意味が含まれるので，大きな違いがあることをまず知らねばならない。このような注文生産は今日でも，洋服や靴などで行われている。ところが注文生産は限られた対象のためではなく，不特定多数の人に売り込む，見込み生産へと進展する。このように見込み生産は，不特定多数の人のために

使用価値を生産するのであるから,それらの人がどのような要求や願いをもっているのかを,予想しなければならない。ここにMarx(1867)がいう"命がけの飛躍"がおこるのである。」
(河野,1984,39項)

栗木(2003)は,使用価値と交換価値の差異について以下のように論じている。

「売買の対象となる製品やサービス,すなわち商品は,なんらかの必要や欲求を充足するという性質を持っている。この性質のことを使用価値という。だが,使用価値を有する全てのものが商品となるわけではない。たとえば,空気や,主婦による家事活動などは,使用価値を有するが,その全てが商品として取引の対象となるわけではない。一方で,われわれは,製品やサービスが商品として取引される際の価格を,その価値の代理指標とすることがある。この価格を代理指標とする価値は,使用価値とは一致しない。取引における製品やサービスの価値を規定するのは,使用価値すなわちその有用性だけではない。取引における製品やサービスの価値は,その希少性や,生産のために要するコストや,他の生産者が供給する代替的な製品やサービスとの競合などの条件によっても変動するのである。製品やサービスが,商品として取引される際にどれだけ価値を有しているかは,使用価値によって全面的に規定されるわけではない。その一方で,最終的になんらかの必要や欲求を充足する性質がなければ,製品やサービスは,商品となることができない。使用価値を有していることは,製品やサービスが市場取引の対象となるための必要条件なのである。」
(栗木,2003,90-91頁)

河野(1984)や栗木(2003)は,使用価値を有していることが交換価値を生み出す必要条件とはなるが交換価値は交換という社会的な意味が含まれ,その市場の競争状況にも影響を受ける価値なため,使用価値との間には大きな差異が存在することを指摘している。

この使用価値と交換価値の概念を用いて,意味的価値(延岡,2006a,2006b,

2008, 2010) と見えない次元の価値（楠木, 2006, 2010；楠木・阿久津, 2006）について考察を行うと，その価値の捉え方には相違点があることがわかる。それは，意味的価値は，主として交換価値を土台としているが，見えない次元の価値は，主として使用価値を土台として議論が行われている点である。延岡（2006a, 2006b, 2008, 2010, 2011）は研究の中で価値について「企業が創造した経済的な価値」という定義をしており，価値を交換価値として分析を行っている[1]。これに対し，楠木（2006, 2010）は顧客の文脈に依存した価値に重きを置いた分析を行っており，価値を使用価値として研究を行っている。

3.2.2 使用価値と交換価値の分離の困難性

これらの研究に対し，交換価値と使用価値は，それぞれを分離して分析することは困難だとする研究も存在する。たとえば，石井（1996b）は製品に内在した使用価値を根拠にして交換が起こるのではなく，交換が起こってはじめて使用価値が見出されるのであり，交換を通じて製品に含まれた特殊的・具体的労働が共通化・一般化・一元化されると同時に一般的・社会的労働に基づいた製品の価値の実在性が根拠づけられることを指摘している。また，石原（1982）も生産物が他人の欲望を満たすか否かは，製品の交換のみが証明することができ，製品が流通の過程に投入される前に使用価値があることを確定することはできないと主張しており，交換価値と使用価値を区別して認識することは困難であるという指摘を行っている。

本書においても，石井（1996b）と石原（1982）の指摘と同じように概念的に交換価値と使用価値は異なるものであることを認めながらも，その分離は困難であると考える。なぜなら，交換価値は使用価値があることによって成り立つ価値であると同時に使用価値も顧客に使用されてはじめて成り立つ価値であるとも言え，概念として使用価値と交換価値は異なるものの，その分離は現実世界では困難であると考えるためである。

3.2.3 製品価値の機能と意味

　3.2.2では交換価値と使用価値という価値の二面性について議論を行ったわけだが，一連の延岡の研究（延岡，2006a，2006b，2008，2010，2011；延岡・高杉，2010，2014）や楠木（2006，2010）の研究の特徴として製品価値を機能と意味の両面から捉えている点がある。しかし，既に製品価値について多くの研究蓄積がなされているマーケティング分野の研究では，この一連の延岡の研究（延岡，2006a，2006b，2008，2010，2011；延岡・高杉，2010，2014）と楠木（2006，2010）のように価値を意味と機能の両面から捉えることは不適切であり，価値の議論を行う際は，意味のみに注目した捉え方をすべきであるという研究（石井，1993，1995，1996a，1996b，1999）が存在する。

　たとえば，石井（1999）は製品はそれ自体としては定義できず，消費者の欲望やニーズに依存してしか定義できないと指摘している。製品は消費欲望に依存的であり，いずれも後追いのルールで判定される（石井，1999）。したがって，製品価値の判定について機能というものは根拠にはならず，その限りで，その機能が製品の価値になるかどうかは常に不定，恣意的であることを免れず，製品の価値は製品の機能には関係なく顧客がその製品にどのような意味を見出すかという点に限られる（石井，1999）。つまり，石井（1993，1995，1996a，1996b，1999）は製品には文脈に応じて予想もできないさまざまな製品の価値の発現の可能性があることを強く主張している。

　石井（1999）が自身の主張を正当化するために用いた例として，冷蔵庫のような食品を冷やし，保存する機能をもった機械「X」の例がある。石井（1999）はこの機械「X」の可能性は食品を冷やし，保存することに尽きるものではないと主張する。たとえば，この機械「X」はインテリアの一部として見なされることもあり，暑い部屋では冷房機とされ，電球が切れて真っ暗闇になった部屋では照明器具とされるかもしれないと主張する。つまり，石井（1999）は文脈に応じて予想もできないさまざまな製品の価値の発現の可能性があることを主張し，製品はそれ自体としては定義できず，消費者の欲望やニーズに依存してしか定義できないという意味で製品は消費欲望に依存的だと主張しているの

である。

3.2.4 企業が思い描く市場像

マーケティング分野においてこの石井（1999）とは異なる主張を行っている研究として石原（1999）の研究がある。石原（1999）は企業が思い描く市場像は市場の実像を正確に映し出すものではないということをある程度認めつつも、それは全く何の裏づけもない思いつきのイメージではないと主張している。つまり、生産企業が市場像を描く際には生産企業が何を生産しようとしているのかを少なくとも大まかに生産企業自身があらかじめ決定していることが前提となっているという主張である（石原, 1999）。

冷蔵庫を生産するか、洋服を生産するか、乗用車を生産するかは生産企業自身が定義する問題であり、生産企業は自らの決定に基づいて資源を蓄積し技術を開発する。生産企業が眺める市場はたんなる購買力の集積としての市場ではなく、ある特定の製品分野を想定した上での、より具体的な消費者の行動であり、反応である（石原, 1999）。たとえば、今ある生産企業が冷蔵庫を生産するものとした場合、どうしても欠くことのできない要件が存在する。安全で、一定の堅牢性をもち、適温に冷却する機能をもち、ドアの開閉が容易で、しかも密閉性を約束し、製氷庫があり、冷凍庫がなければならない等である。これらの要件は生産企業がテレビや洋服を生産しようと考える時には思いもつかないものばかりであり、その意味でまさに冷蔵庫に固有の機能であるといってよい（石原, 1999）。

ただし、この固有の機能は静的なものではなく動的なものとなる。このことは冷蔵庫の機能がやや長い時間の中で捉えた時には決して一定ではないこと、むしろその過程で冷蔵庫の機能はより豊かになってきたことを意味している。その意味で20年前の消費者と現在の消費者との間に冷蔵庫の機能について厳密な意味の共有を求めることは困難であるかもしれない。しかし、それにもかかわらず、ある一時点をとってみれば多くの消費者が共有する機能があることも否定できないのである（石原, 1999）。

3.2.5 企業と市場

本書では，石井（1993, 1995, 1996a, 1996b, 1999）と石原（1999）の研究を基にどのように考えるべきであろうか。

石井（1993, 1995, 1996a, 1996b, 1999）が指摘しているような，製品の価値は製品の機能には関係なく，顧客がその製品にどのような意味を見出すかという点に限るとした分析枠組みの利点としては，市場像の分析を顧客の視点に絞ることにより，研究者や製品開発を行っている企業の関心の中心が製品の開発企業や製品の機能ではなく，製品を使用している個々の顧客ニーズの把握，個々の顧客との関係や顧客の使用文脈に注意が置かれる点がある。その結果として受益者である顧客が知覚する価値に対し，研究者や企業が深い洞察を得ることができる（Vargo and Lusch, 2004）。これに対し，欠点としては石原（1999）が指摘しているように顧客に焦点をあてすぎることにより，製品価値について分析する際に製品を開発する企業の貢献を疎かにしてしまう可能性がある点がある。

製品の価値を判断するのは顧客であることは間違いないであろう。しかし，石原（1982）が指摘しているように，企業が競争を繰り広げて製品を差別化する行為が顧客の新たな具体的欲望を想起し，このような新たな欲望が発生するからこそ製品の価値は変化していくという側面もある。つまり，製品価値の形成には企業もある一定の役割を果たしていると言える。さらに指摘すれば，製品価値の基盤の一端は，やはり製品の意味だけでなく機能が担っている（石原, 1999）。

たとえば，テレビを例にして考えると，やはりテレビは冷蔵庫の代わりに使うことはできず，食べることもできない。そのかぎりでテレビの価値は限定的であり，その価値の基本は「各局から放送されるテレビ番組を映す」という機能を有していることにある。つまり，顧客の意味のみに焦点をあてた分析を行うと，その製品固有の特性として，歴史的に積み上げられてきた特性を無視した議論を行ってしまう恐れがある。本書では，この石原（1999）の研究を基にし，その製品固有の特性として歴史的に積み上げられてきた製品特性である機

能とまだその製品固有の特性として歴史的に積み上げられていない製品特性である意味とを分け，製品価値の把握を行うことが市場における製品価値を適切に評価するために必要なステップであると考える。

3.2.6 企業内における正当性の獲得

　3.2.5では市場と企業との関係性について議論を行ってきた。ここでは企業内においてある価値がどのように正当性を獲得していくのかについて議論を行う。なお，ここで言う正当性とは「社会的に構築された標準，価値観，信念，および定義において，ある主体の行為が望ましく，正しい，あるいは適当であるという一般化された認知や推定」として定義される概念である（Suchman, 1995）。

　過去から企業内における正当性の獲得の重要性は多くの研究で述べられている（Burgelman, 1983；Dougherty and Heller, 1994；原，2004；武石・青島・軽部，2008；宮尾，2009，2011；宮尾・原，2014）。なぜなら，現実の多くの企業は，多くの構造や制度（DiMaggio and Powell, 1983），技術軌道（Dosi, 1982；原，1996，1997），社会・知識の立脚基盤（加藤，2011），そして，自らが作り出したパラダイム（加護野，1988；Kuhn, 1962）に縛られており，新たなカテゴリを形成するような新製品の開発の場合，なんらかの方法で組織内において正当性を獲得する，ないしは周囲を説得するプロセスが必要となるためである（Burgelman, 1983；Dougherty and Heller, 1994；原，2004；武石・青島・軽部，2008；宮尾，2009，2011；宮尾・原，2014）。

　周囲を説得し正当性を獲得するためには多くの方法がある。たとえば，社内外から支持者を集めたり（武石・青島・軽部，2008），科学的な権威を利用したり（原，2004），既存の制度に正当性の担保を求めたり，周囲に働きかけて企業の戦略そのものを再構成する説得行為が行われることもある（Burgelman, 1983；Dougherty and Heller, 1994；原，2004；宮尾，2009，2011）。時には，このような取り組みを，組み合わせて行うことにより，組織内における正当性の獲得が行われるのである。

　特に，本書で議論を行っている意味的価値や見えない次元の価値は把握が行

いにくい価値である（延岡，2006a，2006b，2008，2010，2011；延岡・高杉，2010，2014；楠木，2006，2010；楠木・阿久津，2006）。そのため，解釈の幅が狭まり把握が比較的容易な製品の機能以上に組織内における正当性獲得の取り組みが必要となるのである。

3.2.7　競争的使用価値

　3.2.6では主に組織内における正当性の獲得のプロセスに焦点をあて議論を行ったわけだが，ここでは市場において価値が創出されるプロセスに焦点をあて議論を行う。その理由としては価値とははじめから存在するものではなく，市場で評価されることによりはじめて創出されるものであるからである（石原，1982，1996a，1996b，1999）。

　ある意味で製品の価値は消費欲望に依存していると同時に，消費欲望もまた製品に依存している（石原，1982，1996a，1996b，1999）。生産された製品やサービスを販売しようとして行われる一連の企業の活動に触発されることによって，消費者は製品を購買しようとすることがある。つまり，消費者の意思は企業の活動によって形成されていく側面もある。このような消費とのねじれた関係のもとで企業は製品やサービスの取引を実現化させようと活動を行う。言うならば，消費需要があってそれをめぐる企業間競争が生じるだけではなく，その企業間競争の中から消費需要が創り出されるという側面もある（石原，1982，1996a，1996b，1999）。

　この関係の中で構成される使用価値を石原（1982，1996a，1996b，1999）は「競争的使用価値」と呼んでいる。石原（1982，1996a，1996b，1999）がこの競争的使用価値という概念において強調した点は，消費欲望あるいはそれを触発する製品の使用価値が企業間の競争のプロセスの中で出現する点である。消費欲望を満たした製品やサービスを創り出す企業の諸活動のあり方は企業の意図とともに複数の企業間の競争関係によって規定される。言い換えれば，消費欲望の対象となる製品の価値は企業間の競争を反映したものとなる。

> コラム

持続的イノベーションと破壊的イノベーション

　イノベーションには2つのタイプが存在する。1つを持続的イノベーションといい，もう1つを破壊的イノベーションという。持続的イノベーションとは現在市場で求められている機能を向上させるタイプのイノベーションのことであり，破壊的イノベーションとは現在市場から求められている別の機能を向上させるタイプのイノベーションのことである。

　持続的イノベーションにより顧客の求める水準をこえたオーバーシュートが発生した時，特に既存の概念を覆すタイプの破壊的イノベーションが必要となる。

持続的イノベーションと破壊的イノベーション

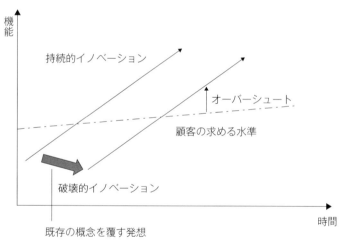

出所：Christensen（1997）をもとに筆者作成

3.2.8 競合企業間の共創

　一般的に，企業間競争は価値を喪失させるものとして負のイメージを有している。実際，延岡（2006a, 2006b, 2008, 2010）や楠木（2006）の研究でも企業間競争はコモディティ化の要因として捉えられている。しかし，石原（1982, 1996a, 1996b, 1999）と同様，Brandenburger and Nalebuff（1996）も

競争の本質が競争と協調の相互作用であると主張している。

　一般的に競争には市場の限られたパイをめぐって市場シェアというパイの取り分を奪い合う競争という意味合いが強い。特に市場が成熟，もしくは衰退している局面にある時，企業間の競争圧力は市場の潜在的な成長性に吸収することができないために競争のための競争が激化する。これにより企業は時には苦痛を伴う合理化を施すことによって生産能力を縮小させようとする。その結果として当該市場の衰退化は加速し，利益の薄い時期が長く続くことが避けられない状態となる。

　一方，市場のパイを拡大させる競争も存在する。参入企業が競って同質的な特性を有する製品を市場投入することで，顧客における製品の購買選択にバラエティを与えることができることがある。特に消費財の場合，製品の特性や価格などの面でいずれも優劣の付けにくい製品を消費者に提供することにより消費者に選択の楽しみを与えることができる。その結果，再購買需要が喚起され取引の数が増大すると，市場のパイは拡大することになる。

　つまり，顧客の欲望充実手段としての製品の多様化が競争を通じて行われ，市場のパイが拡大するのである。企業はパイを確保するために競争を行うのだが，別の側面では市場のパイを拡大させるために協調しているのである（Brandenburger and Nalebuff, 1996）。つまり，延岡（2006a, 2006b, 2008, 2010）や楠木（2006, 2010）が考えているように，競争相手はただ単なる製品価値を喪失させる競争相手としてだけでなく，製品価値を共に創造すべき共創相手ともなりうるのである。

3．2．9　喪失しやすい価値と創出しやすい価値

　石原（1982, 1996a, 1996b, 1999）や Brandenburger and Nalebuff（1996）が指摘しているように製品価値には，企業間競争によって失われるものと企業間競争によって創造されるものがあると考えられる。たとえば，延岡（2006a, 2006b, 2008, 2010, 2011）は意味的価値が企業間競争による喪失の可能性が少ない価値であると指摘している。これに対し機能的価値は企業間競争によっ

て喪失しやすい価値であるとも指摘している。

　この理由は，製品の意味は市場で既に共有されている製品の機能に比べ，普遍的なものではなく，消費者の深層的な好みや消費者が置かれている状況（コンテクスト）に大きく依存しその独自性が高いため，直接的な企業間競争が生じにくいと考えられているためである（延岡，2008，2010）。逆に，価値が創出される時を考えると，機能的価値は模倣がしやすい価値であり，企業間競争による価値が創出される可能性が高いと考えることができる。

　これに対し，意味的価値とは模倣が行いにくい価値であるため，企業間競争による価値の創出も行われにくい価値と考えられる。言い換えれば，機能的価値は企業間競争による創出は比較的容易だが価値の喪失もはやく，意味的価値は企業間競争による創出は困難だが価値の喪失も少ない価値であると理論的には考えることができる。

3.2.10　企業と市場間の相互学習

　3.2.9では企業間競争によって喪失しやすい価値と創出しやすい価値があることを指摘した。ここでは企業間競争と同様に価値の喪失と創出に大きな影響をもたらす企業と市場の相互学習に焦点をあて議論を行っていく。

　新たな製品が市場に導入された最初の段階では，企業と市場間ではその製品に関する学習はまだ行われておらず，その製品に対するコンセンサスは当然得られていない（Abernathy, 1978 ; Abernathy and Utterback, 1978）。しかし，その製品に対し顧客が理解を始め，事実と経験が積み上げられていくと，その学習過程の中でその製品が有する特性は理解され，その結果，その製品がもつ不確実性は減少していく。この不確実性の減少速度は製品によって異なるが，この不確実性はいつかはゼロになる（Abernathy et al., 1983）。

　一方，市場においてこの学習過程が繰り返されている間，供給者である企業も研究を継続しており，顧客と同様，失敗と成功の経験により学習を行う。なぜなら，新製品のライフ・サイクル初期においては製品のどの特性を市場が評価するか，不確実性も高く，これを知るために必要な情報は市場での取引を通

じてのみ得られるものであるからである。

　Abernathy et al.（1983）は，この学習のことを「使用による学習」と呼んでいる。この「使用による学習」という概念が意味する点は企業や顧客は製品を作り，売り，使うことによってはじめて製品の特性が顧客の嗜好をどのくらい満足させうるかに関して決定的な情報を入手するという点であり，製品を市場投入する前に企業がその製品の価値を把握することは実質的には困難であることを指摘している（Abernathy et al., 1983）。

　製品の価値はあくまでも企業と市場間における相互学習において決定されていくのである。この点は先行研究である延岡（2006a，2006b，2008，2010）や楠木（2006，2010）においては指摘されていない点であるが，本書では製品の価値分析を行う際に重要な視点であると考えている。

3.3　「共有されていない製品価値」という概念

　前項の3.2まで，意味的価値，見えない次元の価値という概念に対して複数の次元から概念整理を行ってきた。この概念整理の結果，複数の点で明らかになったことがあった。

　その1つが価値の捉え方に各研究で差異があった点である。延岡（2006a，2006b，2008，2010，2011）の意味的価値の研究では，製品の価値を主として交換価値として捉えていた。これに対し，楠木（2006，2010）の見えない次元の価値では製品の価値を主として使用価値として捉えていた。本書では石原（1982）と石井（1996b）の議論を踏まえ，交換価値と使用価値は概念としては異なることを認めながらも明確に区別できるものではないことを指摘した。

　また，延岡（2006a，2006b，2008，2010，2011）や楠木（2006，2010）の研究では競争は価値を喪失させるものとして一意的に捉えていたが，本書では石原（1982，1996a，1996b，1999）やBrandenburger and Nalebuff（1996）の議論を踏まえ，製品の価値が競争によって喪失されるものだけではなく創出されることも指摘した。また，延岡（2006a，2006b，2008，2010，2011）や楠木（2006，2010）では企業と市場の間の相互学習について議論は行ってはいな

かったが,本書では価値の形成には企業と市場の間の相互の学習過程が重要であることを指摘した。

本書では,これらの議論を踏まえ「共有されていない製品価値」という新たな概念の提示を行う。具体的には,共有されていない製品価値とは「その製品固有の特性として企業と市場間において共通認識がまだもたれていない製品の特性からなる価値」と本書では定義する。

そして,本書ではこの共有されていない製品価値に対する概念となる「共有された製品価値」もあわせて提示する。具体的には,共有された製品価値とは「その製品固有の特性として既に企業と市場が共に認識している特性からなる製品の価値」のことである。

つまり,この定義からわかるように製品価値は「共有されていない製品価値」と「共有された製品価値」という2つの価値から構成されていることになる(図2－1)[2]。そして,その中でもコモディティ化を回避するための鍵概念となるのは「共有されていない製品価値」である。

つまり,コモディティ化を回避するためには,企業と市場がいまだ共通認識を有していない特性を企業はどのように創出し,大きな価値になるように育てていくのかが重要な点になる。本概念を活用することにより,これらの点に焦点をあてた議論を行うことが可能となる。

図2－1　製品価値の構成

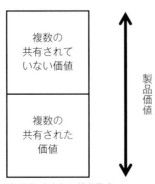

出所:陰山・竹内(2016),陰山(2017)をもとに筆者作成

4．本研究を行うための理論的基礎

　本章は，本書の理論的な出発点としての役割を担い，以後で展開される経験的研究の理論的基礎となる。

　まず本章では製品のコモディティ化に関係する先行研究のレビューを行った。その結果，近年，生じているコモディティ化の要因として，オーバーシュートが大きな要因となっている点を指摘した。

　オーバーシュートとは，製品の機能が過剰に供給され，顧客の求める水準を超えてしまう現象のことである（Christensen and Raynor, 2003）。そして，このオーバーシュートが発生する背景には，その製品が有する機能が既に顧客や企業にとって共有化され，解釈の幅が狭まっているものになっている点があった。製品が有する機能に対する解釈の幅が狭まれば，その機能の値や有無によって，製品の価値の増減が，比較的，容易に推測されることになる。その結果，企業は具体的な機能の数値や搭載を目標に置き，製品開発を行うことがしやすくなる。そして，多くの競合企業がその機能を巡り，激しく競争を行う結果，製品の機能は素早く高まり，オーバーシュートが生じるのであった。そして，このオーバーシュートが発生すると，これ以上の機能の向上は，顧客にとっては意味をなさなくなり，企業間の差別化が困難となり，コモディティ化が生じるのである。

　次に，本章では製品価値について文献展望を行い，その後に，「共有されていない製品価値」という新たな概念を提示した。多くの顧客にとって普遍的な価値を有する「共有された製品価値」と異なり，「共有されていない製品価値」は顧客の深層的な好みや顧客が置かれている特別な状況（コンテクスト）から創出されるため，多義性が高く競合企業がそれを模倣することは困難であり，オーバーシュートが発生しにくく，コモディティ化への対抗手段になると考えられる。

[付記]
　本章は，陰山（2014a）と陰山（2014b）をもとに，加筆・修正したものである。

注
1　延岡（2011）の研究では製品の価値の定義を改めて「付加価値」と定義し，具体的には「粗利」や「売上総利益」のこととしている。つまり，この考えは，栗木（2003）が行っている交換価値は価格を代理指標とできるという主張とは異なる。本書では栗木（2003）が指摘しているように価格を価値の代理指標と考える。この理由は，製品の価値はあくまでも顧客が決定するものであり，粗利や売上総利益ではなく顧客が判断した価値である価格とすべきだと考えるためである。
2　なお，この点についてより深い議論を行っている陰山・竹内（2016），陰山（2017）の研究によると，既存カテゴリー製品は企業・市場間で共通認識のある特性が備わっているため，「共有されていない製品価値」と「共有された製品価値」の両方が製品に内在する製品となるが，既存カテゴリーにはないような脱カテゴリー製品は，新規すぎるがゆえにその製品に対して企業・市場間で共通認識された特性というものが備わっていないため，「共有されていない価値」のみからなる製品となる。つまり，「共有されていない製品価値」のみが内在する製品も存在し，「共有されていない製品価値」と「共有された製品価値」の両方が製品に必ずしも内在しているとは限らない。

第3章　研究方法の検討

1. 4つの研究課題

　前章では，先行研究の文献展望を行ってきた。本章では，まず先行研究の文献展望を踏まえ，4つの研究課題の設定を行う。その後，本書がとるべき研究方法について検討を行っていく。

1.1　組織内でどのように正当化されていくのか：研究課題①

　設定を行う研究課題の1点目は，共有されていない製品価値となるような新たな製品特性が組織内でどのように正当化されていくのかを明らかにすることである。一般的に競合や製品評価の基準についての不確実性や多義性が高い新奇な製品ほど成功させることは困難となる。これを成功させるためには，企業には変化する市場を理解してそれに適応する複雑なマネジメントが求められる（延岡，2006a，2006b，2008，2010，2011；楠木，2006，2010；楠木・阿久津，2006）。新たに創出されようとしている製品特性に明らかな価値がありそうならば，組織内における資源投入の意思決定の正当性を確保しやすいが，その製品特性に価値があるのか不明確であるとその意思決定の正当性の確保は困難となる。

　しかし，この壁を乗り越えなければ新たな製品特性が市場において価値があるのか，価値がないのか，その審判を受けることさえもできない。本書では，組織内においてどのように新たな製品特性が正当化され，製品開発に反映されるのかを明らかにする。

1.2 どのように市場において正当化され価値となるのか：研究課題②

2点目は，新たな製品特性がどのように市場において正当化され，価値となっていくのかを明らかにすることである。一般的に，新奇性の高い製品特性の開発については，それに対する社会的な抵抗の度合いも高くなる（宮尾,2010）。

結果として，その新奇性が高いほど，より広い範囲においてより強い説得が必要となる（原，2004）。本書では，どのようにすれば，市場において，新たな製品特性が正当化され，価値となっていくのかを明らかにしていく。

1.3 製品価値が競争によってどのように変化していくのか：研究課題③

3点目は，市場において評価され，創出された共有されていない製品価値が競争によって，どのように変化していくのかを明らかにすることである。企業が，新たに創出させた製品価値を市場で拡大しようとするならば，競合企業との競争による共創が必要となる。なぜなら，企業は，過去から顧客への直接的，または間接的な働きかけを通して，企業間競争の場を市場における価値実現の場へと転換させてきたからである（Brandenburger and Nalebuff, 1996；Porter, 1980；石原，1982, 1996a, 1996b, 1999；石井・石原，1996）。

Brandenburger and Nalebuff（1996）は，競争の本質が競争と協調の相互作用であると主張している。企業は市場のパイを拡大させるためにある側面において協調するとともに，別の側面では拡大されたパイを確保するために競争を行う（Brandenburger and Nalebuff, 1996）。本書では，創出された共有されていない製品価値が競争によって，どのように変化していくのかを明らかにしていく。

1.4 脱コモディティ化のメカニズムとはどのようなものか：研究課題④

4点目は，共有されていない製品価値という概念を用いて，脱コモディティ化のメカニズムがどのようなものであるのかについて明らかにすることである。コモディティ化を生じさせる主要因として，Christensen and Raynor（2003）が指摘したオーバーシュートがある。オーバーシュートとは，製品の機能が過剰に供給され，顧客の求める水準を超えてしまう現象である（Christensen and Raynor, 2003）。そして，オーバーシュートが発生する時は，その製品が有する機能が既に顧客や企業にとって共有化され，解釈の幅が狭まっているという状況が背景としてある。製品が有する機能に対する解釈の幅が狭まれば，その機能の値や有無によって，製品の価値の増減が比較的容易に推測されることになる。その結果，企業は具体的な機能の数値や搭載を目標に置き，製品開発を行うことがしやすくなる。そして，多くの競合企業がその機能を巡り，激しく競争を行う結果，製品の機能は素早く高まりオーバーシュートが生じる。

オーバーシュートが発生すると，これ以上の機能の向上は顧客にとって意味をなさないものとなり，競争の焦点が価格へと移りコモディティ化が生じるのである。Christensen and Raynor（2003）が指摘したこのオーバーシュートという概念は，製品の機能を中心として構築された点に特徴がある。これに対し，本書では，脱コモディティ化を実現している市場を具体的に分析することにより，そのメカニズムを明らかにする。

2. 事例研究と定量的分析手法の活用：研究方法の選択

本書では，研究対象として，日本のオーブンレンジ市場を選択する。
この理由としては，オーブンレンジ市場はコモディティ化が進む日本の電機

産業では珍しく市場の平均単価が徐々に上昇してきた市場のためである。

　本書では，研究方法の1つとして，事例研究を採用する。事例研究とは，1つ，または一定の限られた数の複数の事例に焦点をあてて，より集中的にデータや情報を集め，ある問題や現象に対する理解を深める方法である。

　事例研究を用いることにより，研究者は特定の例に焦点をあて，詳細な相互作用プロセスを明らかにすることが可能となる。さらには，研究者は複数の事例を分析しその比較をすることにより，理論的推論を定式化したり仮説や経験的一般化を確認したりすることが可能となる（田尾・若林，2001）。

　事例研究は，特に「どのように」，「なぜ」という問いが発せられている時により効果を発揮する（Yin, 1994）。その点，本書で設定した4つの研究課題には「どのように」という問いがいずれにも含まれている。したがって，事例研究は本書において適した研究方法となる（佐藤，2002a, 2002b, 2006, 2008）。

　事例研究を行うにあたり，その情報源は製品カタログ，書籍，新聞，雑誌，企業のニュース・リリース，ホームページ，調査会社が発行している調査データやレポートなどの2次資料と関係者に行ったインタビュー調査から得ている。分析対象期間は，オーブンレンジ市場に新たな価値をもたらしたヘルシオ（製品名）の開発が始まった2000年から，その価値が市場全体へ広がった2007年とする。

　また，本書では，市場全体の価値の変化のパターンについて定量的な分析も併せて行う。この理由は，事例研究のみでは全体のパターンについての考察がおろそかになることがあり（佐藤，2002a, 2002b, 2006, 2008），本書ではこの事例研究の短所を補うために定量的な分析も必要だと考えた。さらに，本書の鍵概念である共有されていない製品価値の把握は難しく，事例研究だけでは研究者の意識や視点，もしくは，製品開発者の主観に大きく左右されるところがあり，その研究の質を高めるためにも，共有されていない製品価値の定量化によるトライアンギュレーションを行うことが必要だと考えたためである。なお，トライアンギュレーションとは，異なる手法や異なる参加者による結果を利用して研究の確かさを高めようとする工夫のことである（佐藤，2002a,

2002b, 2006, 2008 ; Bryman, 2008)。

　共有されていない製品価値の定量化の試みは，先行研究では見受けられない試みであり，学術的に意義がある試みではないかと考えられる。また，この共有されていない製品価値の定量化の試みは学術的な視点だけでなく，実践的な視点からも意義があると考えられる。

　なぜなら，経営学においては既に多くの価値の測定について研究が行われており[1]，実際の企業経営においてもその価値の測定が大きな意思決定の判断材料として利用されている。実際の企業経営において，価値についてマネジメントを行おうとすると，必然的にその価値の定量化が必要になる。つまり，日本の製造業にとって大きな脅威となるコモディティ化への有効な対抗手段になると考えられる共有されていない製品価値の定量化について検討が行われることはマネジメントの視点からも必要となる。

　学術的な視点からも実践的な視点からも，共有されていない製品価値の定量化方法を検討することは意義があると考えられる。ただ，この定量化の試みは先行研究では見受けられず，克服せねばならない課題が多数存在する。

　たとえば，具体的な測定を行う上では，本書で定義した共有されていない製品価値と共有された製品価値の境界の具体的な設定など，概念だけの議論では明らかにならなかった点をより明確にする必要がある。また，共有されていない製品価値，共有された製品価値をどのように把握するのかについても，具体的な検討を行っていく必要がある。

2.1　ヘドニック・アプローチ分析と確率的フロンティア分析

　本書では，定量的な分析手法として「ヘドニック・アプローチ分析」と「確率的フロンティア分析」の2つの分析手法を用いる。本書においてこの2つの分析手法を活用する理由は，この2つの分析手法が本書の共有されていない製品価値を測定する際には補完関係にあると考えるためである。

　ヘドニック・アプローチ分析では，製品特性毎の価値の把握は行えるが共有されていない製品価値を網羅的に把握することはできない。これに対し，確率

的フロンティア分析では，製品特性毎の価値の把握は行えないが共有されていない製品価値を網羅的に把握することは可能である。つまり，この2つの分析方法は共有されていない製品価値を定量化する際には，相互に補完関係にある分析方法であり，本書ではこの2つを活用することとした。

2.2 ヘドニック・アプローチ分析

本節では，1つ目の分析手法であるヘドニック・アプローチ分析を活用した共有されていない製品価値の定量化についての理論的検討を行う。ヘドニック・アプローチ分析とは，価格という指標を用い，品質特性を説明変数として重回帰分析を行い，それぞれの特性が価格に及ぼす係数を計算することにより，製品の品質を金額という絶対的な数値に置き換える手法である（Court, 1939 ; Lancaster, 1971）。

なお，ここで言う品質とは，ある財の諸特性の水準に対する総合的な評価のことを指す（太田，1980；白塚，1994, 1995a, 1995b, 1997, 2000；白塚・黒田，1995, 1996；伊藤，2008a, 2008b, 2010）。本書では，研究課題の1つとして共有されていない製品価値が変化していく様子を明らかにすることが設定されている。つまり，このヘドニック・アプローチを用いることにより，共有されていない製品特性を数値に換算することができれば，その特性毎の価値を定量的に分析することが可能となる。

2.2.1 利点と欠点

ヘドニック・アプローチという手法が有する最大の利点は，品質という主観的な評価を消費者の意識調査や行動分析などによって判定するのではなく，極力，恣意性を排し製品の特性に判断基準を求めることができる点にある（白塚，1998）。また，他にもヘドニック・アプローチ分析には，一旦，ヘドニック関数の推計を行ってしまえば，価格と必要な製品特性を，随時，追加収集さえすれば，品質の変化を捉えることが容易であるという利点がある。

つまり，プロダクト・サイクルが短く，品質変化が激しい製品の測定にはヘ

ドニック・アプローチ分析は適した手法となる（白塚，1995a）。その点，本書で対象としているオーブンレンジ市場は基本的にプロダクト・サイクルが約1年であり，そのサイクルは短く，その変化を長期間において分析していくためにはヘドニック・アプローチ分析は適した方法と考えられる。

　これに対し，ヘドニック・アプローチ分析の欠点としては，適用範囲が製品の特性に関する情報を集めることができる一部の製品に限定されるという点がある。しかし，この点に関しては，既にヘドニック・アプローチ分析を用いた先行研究（白塚，1994，1995a，1995b，1997，2000；白塚・黒田，1995，1996；伊藤，2008a，2008b，2010）において，パソコン，乗用車，ビデオカメラ，冷蔵庫，インクジェット・プリンタ，デジタルカメラなどという多くの製品について分析が行われている事実や，本書における研究対象としているオーブンレンジという製品がこれらの先行研究で分析された製品と同じように，比較的，カタログやニュース・リリースなどから製品特性の情報を容易に集めることができる製品であることから，この点については問題はないと考えている。

2.2.2　基盤となる考え方

　本書で活用するヘドニック・アプローチ分析に経済的な意味づけを与えるのは，「ヘドニック仮説」と呼ばれる考え方である。ヘドニック仮説とは，品質はその製品がもつ各種の特性を統合したものとする考え方であり，これがヘドニック・アプローチを用いる前提となる。

　このヘドニック・アプローチに対して，経済理論的な基礎を与えるのは，「新しい消費者理論」と呼ばれる「ランカスター・モデル」に基づく消費者行動理論である。通常のミクロ経済学のフレームワークでは，品質が少しでも異なる財は全く別の財として取り扱われる。

　より具体的に示すと，図3－1(a)における，代替関係にある製品1と製品2は，お互いに少しづつ品質が異なるため，通常のミクロ経済学のフレームワークでは別々の財として定義される。消費者の選好関係は，この2種類の財の消費量の上に定義され，消費者均衡は予算集合と無差別曲線の接するE^*となる。

しかし，この枠組みには問題点がある。それは製品差別化を議論する際，この枠組みでは各競合企業間における製品の機能面などの競争は新たな財の登場として捉えられてしまい，その品質面の競争を正面から捉えることができない点である（白塚，1998）。

これに対し，ランカスター・モデルに基づく消費者行動理論では品質変化や財の多様化・差別化の問題を取り扱うため，消費者の選好関係を消費する財の数量ではなく，財の消費によって取得される特性の量に対して定義する。より具体的に示すと，ランカスター・モデルを表す図3－1(b)における，製品1・2はそれぞれ特性1・2に分解され，その組み合わせであるベクトルの方向によって表現されることとなる[2]。そして，このベクトルの長さは消費者の所得を製品単価で除した値に等しくなり，消費者の予算集合は2本のベクトルによって囲まれた3角形になる。そして，消費者の選好関係は特性の数量に対して定義され，消費者均衡は予算集合と無差別曲線の接するE^*となり，消費者がその特性をどれだけ消費するのかを捉えていることとなる（白塚，1998）。つまり，このランカスター・モデルを用いると，財の価格が複数の特性の関数として表すことが可能となるのである（白塚，1994）。

図3－1　消費者均衡

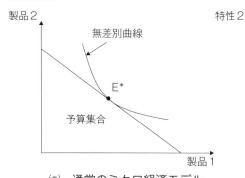
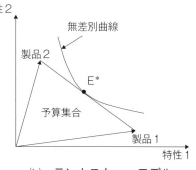

(a) 通常のミクロ経済モデル　　(b) ランカスター・モデル

出所：白塚（1998）をもとに筆者作成

2.2.3 製品価値測定の理論的検討

　ランカスター・モデルに依拠したヘドニック・アプローチ分析は，価格という指標を用い，品質特性を説明変数として重回帰分析を行い，それぞれの特性が価格に及ぼす係数を計算する。そして，それにより製品の品質を金額という絶対的な数値に置き換える手法である（Court, 1939；Lancaster, 1971）。このため，研究者がヘドニック・アプローチ分析を行う際には，製品iの価格 p_i がn個の特性の関数で表現できると仮定し，価格と特性の横断面データから回帰式を推計することとなる。このヘドニック・アプローチでは，この多様な特性値を分析するため，線形，片側対数，両側対数のいずれかの関数が選択される。

　なお，本書では日本銀行によるデジタル家電製品の消費者物価指数等の算出で実績がある両側対数による方法を選択する。（式3－1）が製品の価格を被説明変数とし，製品の特性項目を説明変数とした分析式となる。

$$\ln p_{it} = \alpha + \sum_{j=1}^{n} \beta_j \ln x_{ijt} + \sum_{h=1}^{m} \gamma_h y_{iht} + \sum_{k=1}^{T} \sigma_k d_{ikt} + \mu_{it} \qquad （式3－1）$$

　なお，本書で対象とするオーブンレンジの品質特性値には，オーブン消費電力や庫内容量などのように連続的な数値を取る品質特性（連続的品質特性値）と，2段調理ができるか否かという非連続的な品質特性（離散的品質特性値）がある。このため，（式3－1）の右辺は，説明変数が連続的な特性と非連続的な特性に分けた式となる。より具体的には，（式3－1）の x_{ijt} はt期における第i財の第j番目の連続的な特性を示し，y_{iht} は，t期における第i財の第h番目の非連続的な特性を示す。また，d_{ikt} は年次ダミー，μ_{it} は誤差項，α は定数項を示し，β_j，γ_h，σ_k は，それぞれ連続的な特性，非連続的な特性，年次ダミーにかかるパラメータを示している。

　理論的には，この（式3－1）に，各製品の価格と特性や年次ダミーなどを入力し，推定することによって，オーブンレンジ市場のデータのヘドニック・アプローチ分析が行えることとなる。

2.3 確率的フロンティア分析

次に本書で活用するもう1つの定量的な分析手法である確率的フロンティア分析は，主に企業が行う生産活動や支払う費用の非効率性[3]を測定する方法として発展してきた分析手法である。具体的には，最大生産量を示す生産フロンティアから実際の生産の差分を生産上の非効率として測定したり，最小費用を示す費用フロンティアと実際の企業の費用との差分を非効率として測定することができる（Meeusen and van den Broeck, 1977；Aigner et al., 1977；Battese and Corra, 1977）（**図3－2**）。

図3－2において，点B，点D，点Gは実際の企業の費用を表す観測点であり，点A，点E，点Iは各企業の最小費用である費用フロンティアを表す点である。また，点C，点F，点Hは確率的フロンティアモデルによって得られた誤差項を非効率性と統計的誤差に分ける点である。つまり，線分BC，線分DF，線分GHはそれぞれの企業の非効率性を表し，線分CA，線分FE，線

図3－2 費用フロンティア

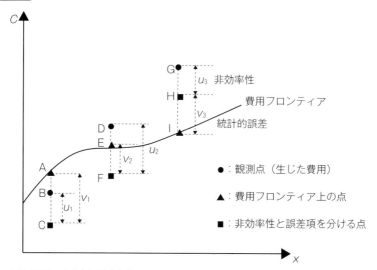

出所：中村（2011）をもとに筆者作成

分 HI は統計的誤差を示す。通常,観測点は点 D や点 G のように費用フロンティアよりも上方に位置するが,負の値を取る統計的誤差が非効率性よりも大きい時,点 B のように観測点は費用フロンティアよりも下に位置することもある(中村,2011)。

費用フロンティアを式で表すと,(式3－2)のように示される。

$$\ln(C) = \underbrace{\beta + \beta_k \ln(W_k) + \beta_L \ln(W_L) + \beta_y \ln(Y)}_{\text{費用フロンティア}} + u + v \quad (\text{式}3-2)$$

(式3－2)では,C が総費用,W_k が資本価格,W_L が労働価格,Y が生産量,u が非効率性,v が統計的誤差,β が定数項である。u は非効率性であり,u の分布は非負の半正規分布に従うと仮定される。v は,統計的誤差であり,符号は正負のどちらも取り得る正規分布に従うと仮定される。β_k,β_L,β_y は,それぞれの項目のパラメータを示している。なお,費用フロンティアの関数型は,多くの場合,最も単純なコブ・ダグラス型費用関数が仮定される(中村,2011)。

2.3.1 利点と欠点

確率的フロンティア分析を用いる利点としては,通常の最小自乗法による非効率の推定とは異なり,企業の最大生産を表す生産フロンティアや最小費用を表す費用フロンティアを基準にして,誤差項を非負の値である非効率性と対称的な分布とする統計的な誤差項に分けて捉えられる点にある(中村,2011;Kumbhakar and Lovell,2003)[4]。この点で,確率的フロンティア分析は非効率性を推定するために適した分析方法と言える。

一方,確率的フロンティア分析の欠点としては,非効率性を示す個々の内容については分析できない点がある。このため,非効率性を示す個々の内容の推移を分析するためには,併せて他の手法も活用せねばならないことになる。

2.3.2 製品価値測定の理論的検討

具体的に確率的フロンティア分析を応用して，共有されていない製品価値を定量化するためには，どのような式を用いればよいのであろうか。製品価値は，共有されていない製品価値と共有された製品価値から構成されるため，（式3－3）のように示すことができる。

$$p = pn + ps \qquad \text{（式3－3）}$$

なお，（式3－3）の p は製品価値，pn は共有されていない製品価値，ps は共有された製品価値を示している。さらに，この（式3－3）に統計的なノイズを表す統計的誤差項（v）と定数項（β）を導入すると，（式3－4）として示すことができる。

$$p = \beta + pn + ps + v \qquad \text{（式3－4）}$$

この（式3－4）と（式3－2）の確率的費用フロンティアの式は類似の式となる。つまり，（式3－2）の費用フロンティアを共有された製品価値（ps）へと置き換え，非負の半正規分布である非効率性（u）を共有されていない製品価値（pn）へと置き換えると[5]，費用フロンティアの図3－2は，**図3－3**のような共有されていない製品価値（pn）と共有された製品価値（ps）の図へと置き換えることができる。

ただ，この図の置き換えには注意すべき点がある。それは，図3－2の確率的費用フロンティア分析の図では縦軸を費用（C）としているが，図3－3では縦軸を製品価値（p）としている点である。つまり，図3－2と図3－3は真逆の性質のものを縦軸として置き換えていることとなる。つまり，費用フロンティアを示す図3－2と本書でモデルとして活用しようとしている図3－3では，図の解釈が異なっている。しかしながら，本書においてはその解釈が異なることは理解しながらも，確率的費用フロンティア分析を行う際のアルゴリズムは差分が軸となっており，本書で測定する共有されていない製品価値を推定する際にも活用できると考えている。

図3-3 共有されていない製品価値（pn）と共有された製品価値（ps）

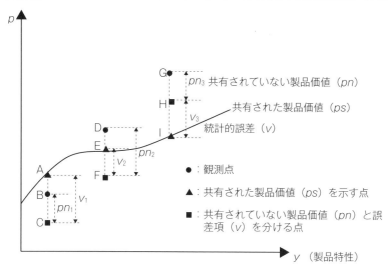

出所：陰山（2017）をもとに筆者作成

［付記］
　本章は，陰山（2017）をもとに，加筆・修正したものである。

注

1 　たとえば，製品ブランドの測定（Aaker, 1991；松島，2004），企業ブランドの測定（伊藤，2000），企業価値の測定（Mckinsey and Company, 2000；渡辺，2004），技術価値の測定（伊藤，2008a；Boer, 1999；Christensen, 1997）などがある。
2 　図3-1(b)では，簡単化のため，経済には財が2種類しか存在しないと仮定している。
3 　確率的フロンティア分析には，新古典派経済学が仮定しているような「企業の活動が最適な活動を常に行っている」わけではないという前提が存在している（水谷・中村，2010）。
4 　確率的フロンティア分析においては，通常，効率性などの点で望ましい漸近的性質をもつ最尤法が用いられる（中村，2011）。なお，最尤法とは，データが観測された確率を示す尤度が最大になるようにパラメータを調節し，その推定量を求める手法である（羽森，2009）。
5 　ここでは共有されていない製品価値の分布は，非負の半正規分布に従うと仮定している。ただ，本書で併せて行うヘドニック・アプローチでは，共有されていない製品価値の分布は正規分布に従うと仮定しており，負の値もとりうる仮定となっている。厳密にいえば，ヘドニック・アプローチにおいても，非負の分布に従うと仮定した推定を行うべきであるが，本書では対応できておらず，この点は今後の課題となる。

第4章 完全な成熟市場でなぜ「脱コモディティ化」が実現できたのか：オーブンレンジ市場の事例研究

1. 日本のオーブンレンジ市場の概要

　前章では，本書で用いる研究方法について検討を行った。その結果，日本のオーブンレンジ市場を具体的な研究対象として設定し，この市場に対して事例研究とヘドニック・アプローチ分析，確率的フロンティア分析という2つの定量的な分析手法を活用することとした。本章では，日本のオーブンレンジ市場を対象とした事例研究を行う。

　分析対象となる日本のオーブンレンジ市場の概要であるが，日本のオーブンレンジ市場は製品の普及率が96％を超えた完全な成熟市場であり，年間販売台数は約270万台で横ばい状態となっている（**図4－1**）。この市場は市場の成熟化とともに価格下落も進み，2004年までは平均単価が毎年1,000円程度下落していた市場である。しかし，2004年以降その平均単価は上昇傾向となり，オーブンレンジ市場はコモディティ化が進む電機産業の中では珍しく脱コモディティ化を実現した市場と言える。

　本書では脱コモディティ化のメカニズムを明らかにしていくため，まず平均単価の変局点となった2004年に何が起こったのかを明らかにしていく必要がある。

　ここで結論の先取りとなるが，2004年の変化をもたらしたのは，シャープから発売された「ヘルシオ」という製品である。そこで，本書ではこのヘルシオという製品の開発が始まった2000年まで遡り，事例研究を始めることとする。

図4－1　オーブンレンジの販売台数と平均単価の推移

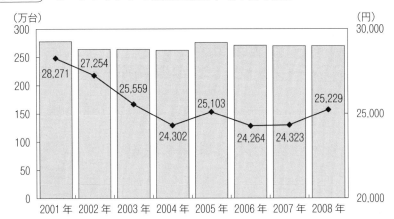

出所：日本電機工業会のデータをもとに筆者作成

コラム

日本の電子レンジ・オーブンレンジの歴史[1]
・1950年：世界初のレーダーレンジの商品化が行われる。（アメリカのレイセオン社の社員が，レーダー装置の実験中にお菓子がレーダーのマイクロ波によって溶けていることに気がつき，これにヒントを得て，調理器「レーダーレンジ」として製品化される）
・1961年：名称が「電子レンジ」とされた初の国産レンジ（業務用）が発売される。（火を使わずに短時間で加熱できる革命的な調理器として使用され始められる）
・1965年：家庭用の電子レンジが発売される。
・1966年：家庭用のターンテーブル式の電子レンジが発売される。
・1967年：電子レンジの調理終了時の報知音に「チン」がはじめて導入される。
・1977年：これまで別々の製品であった「電子レンジ」と「電気オーブン」を一体化した「オーブンレンジ」が発売される。

2. ヘルシオの開発とオーブンレンジ市場

2.1 ヘルシオの製品開発

　ヘルシオは，2004年9月にシャープより発売されたオーブンレンジである。ヘルシオは300℃の無色透明の過熱水蒸気を多量に食材に吹き付けることにより，おいしく調理できるだけでなく，「脱油」「減塩」「ビタミンC保存」という健康調理を実現した製品である。

　このヘルシオの開発は2000年の暮れから始められる。そのきっかけは，ヘルシオの開発者である電化商品開発センター室長[2]の井上氏が山口県の産業技術センターにおいて名産の海産物を過熱水蒸気を使い干物にする乾燥システムを見たことであった[3]。

　この乾燥システムは，ベルトコンベアー上を流れる食品に過熱水蒸気を噴きつける機器であった[4]。過熱水蒸気による加熱処理済みのふぐの干物の表面はパリッと焦げており，井上氏は「味と食感が今までと違う。」[5]と感じ，この技術を調理器に応用できるのではないかと考えた。

　井上氏は1973年にシャープに入社し，白物家電の基礎技術の研究を30年行い，過去2回の「緊急プロジェクト[6]」にも選抜されたことがある優れた研究者である。井上氏が山口県まで足を運んだのは大きな危機感からであった。

　シャープの白物家電事業は1990年代半ばから売上，収益ともに下降線をたどっていた。このままでは将来的に事業として成り立たなくなる事態さえ予想された。

　さらに，社長の町田氏が1998年に就任した直後，「マグネトロンを使わん電子レンジを作られへんかなぁ。」[7]と開発センターへ打診を行っていたことも大きな原動力となっていた。白物家電の営業畑出身の町田氏は，成熟したオーブンレンジ市場においてマグネトロンと呼ぶ電磁波を出す基幹部品を外部調達している状況に限界を感じていたと思われる。

常識で考えると，食品を水蒸気で調理するとやや水っぽく仕上がってしまうと人々は考える。ところが，過熱水蒸気で食品を調理すると，表面がサクッと中身はとても柔らかく調理ができる。

2.1.1 過熱水蒸気とは

　水は摂氏100℃まで熱すると気化して水蒸気となり，さらに加熱すると無色透明の気体となる。これが，過熱水蒸気である。調理に用いる場合は，この過熱水蒸気温度を300℃くらいまで高める。この過熱水蒸気が食品に触れると温度が下がり，液化する時に熱を食品に与える。これを凝縮熱といい普通の熱風の約8倍もの熱量で食品を熱することができる[8]。

　既存の熱風式オーブンは食品内の水分を熱で奪いながら徐々に加熱していくのに対し，過熱水蒸気は食品に水分を与えながら短時間でその温度を上げることができる。さらに，食品の温度が100℃を超えると水蒸気は水に戻らず，気体のまま表面を加熱するために今度は表面が乾燥して焦げ目がつく。こうして外はこんがり，中はしっとりした仕上がりになる。

　業務用には，この過熱水蒸気の技術が均一に加熱できることから，鯛の尾頭付きなどの食材を大量に調理する目的で既に使用されていた。しかし，業務用は200ボルト，10キロワットであり装置も大きいため，家庭用にするためには小型化し100ボルト，1.4キロワット以下にする必要があった[9]。

2.1.2 過熱水蒸気研究の開始

　2001年，井上氏はこの過熱水蒸気に関する開発を本格的に始める。井上氏は組織変更を行い，過熱水蒸気技術の開発に2人の専従メンバーを置くことにした。

　まず，彼らが取りかかったのは，庫内にいれた物質の温度上昇や実際の食物の焼き上がり具合を実験し基礎データを取得することであった。「最初のうちは，過熱水蒸気についての知識もまだ不十分であったため，肉の具合など，自然の食べ物は同じ状態の物がないため，比較実験が難しく，データの取り方にも苦

労した。」[10]と,専従メンバーの一人である電化商品開発センター係長の門馬氏は述べている。

井上氏と門馬氏らは,外部からの意見も積極的に取り入れようと井上氏の母校である大阪府立大学との共同研究も始めた。大阪府立大学には調理実験試料の分析を依頼したが「最初はデータが大きくばらつき,有意な結果が得られなかった。たとえば,ホウレン草は,茎と葉では成分が違うのですが,われわれはそういう点も理解できていなかったです。」と門馬氏は述べている[11]。

門馬氏らは,日々,魚を焼き,肉を焼き,パンを焼き,データを集めた。従来の加熱とは異なる温度制御,水蒸気量と食品の関係,食品内部・表面の水分量の変化量など多くのデータを集めていった。そして,データから新しい調理器としての可能性があることがわかってきた。製品化へ向けた次の課題は,調理システム事業部がこの新技術を受け入れるかであった。

過熱水蒸気を使った商品提案が電化商品開発センターから,調理システム事業部にはじめて報告された時,調理システム事業部　技術部チーフの長谷川氏は,「正直いって,われわれは疑いをもっていたんですね。過熱水蒸気がそんなにメリットがあるんだろうかと。200ボルトが必要だし,電子レンジに比べて時間がかかるし。」と素直に商品化を進める気持ちはもっていなかった（前間,2005）。

事業部側が簡単に新たな技術に首を縦に振らないのも無理はなかった。その理由とは,シャープの調理システム事業部は1962年に電子レンジを開発して以来,電子レンジ市場において長い期間シェア1位をキープしていた事業部であった。そのため,事業部には自負とプライドがあった。

さらに,過熱水蒸気の技術は過去40年間にわたって蓄積した知識ノウハウとは異なるものが多く,それを製品化するためにはハード面,ソフト面を全て新たに開発することが必要であった。さらには,製造ラインの大幅な変更も必要となる[12]。硬直化した組織の中で,新しいことに取り組むことは困難なことであり,新たな技術を受け入れることを拒否したくなるのは当然のことであった。

2.1.3 電化商品開発センターと事業部間の連携

　シャープの電化システム事業本部では，月一回，電化商品開発センターと事業部間で新技術の開発状況についての報告会議が行われる。その中で，井上氏らはデータだけではなく，調理を実演し，事業部側へ目と舌で実感してもらうことを続けた。時には，個人的に実験を技術者につきあってもらうこともあった[13]。

　シャープの調理システム事業部には，調理ソフトを開発するハイクックレディ[14]と呼ばれる専門部隊がいるのだが，彼女達にアドバイスを求めて通い続けた。そして，会議を繰り返すうちに，事業部側も「ならば今度はこんな調理ができるかやってみてほしい。」「こういう実験はできないか。」と次第に興味を示すようになっていった[15]。

2.1.4 原理モデルの開発

　2002年10月，調理システム事業部もついに思い腰をあげて，原理モデルと呼ぶ100ボルトの試作機の開発に取り組み始めた[16]。

　この理由について井上氏は，「事業部としても思い切った決断だったと思います。背景にはやはり危機感と切迫感があったと思います。電子レンジの世界シェア1位といっても，実は電磁波を出すマグネトロンという基幹部品は外製で，トップからはずっと，『マグネトロンを使わない調理器を作れ』と言われていた。ブラウン管を自社制作していなかったことが液晶テレビへのシフトを後押ししたのと似た判断が，調理器でも行われたのだと思います。」と述べている[17]。

　業務用の過熱水蒸気機器は200ボルトと大電力のためサウナのように過熱水蒸気を庫内に充満させて焼く方式が用いられていたが，家庭用の100ボルトではそれが不可能であった。それが，技術者にとっての大きな最初の壁となった。「せいぜい，小型のオーブントースターが限界」というのが技術者の認識であった[18]。長谷川氏も，「業務用の200ボルトで4～7キロワットの大電力と違って家庭用を目指しているから，出力は最大でも1.5キロワットなんですね。そん

第4章　完全な成熟市場でなぜ「脱コモディティ化」が実現できたのか：
オーブンレンジ市場の事例研究

な少ない電力でも，業務用並の性能を出せるかが大きなカギでしたし，その点がいちばん苦労しました。」と述べている（前間，2005）。

そこで，長谷川氏達は過熱水蒸気を庫内全体に満たすのではなく，調理する食品に直接吹き付けることで焼きの効果を高めることにした。ただ，この方法にたどりつくまでには，多くの試行錯誤がなされている。長谷川氏は，「最初の段階では，下から過熱水蒸気を吹き込む方式をとっていました。そうすると蒸すのはいいが，焼いたり焦がしたりするとき効率よく焼けません。また，上からあてようと試みると，蒸気は非常に軽いので，上へ上がってしまってうまくいかない。結局，上と左右から吹き付ける方式としました。ここに至るまでに何カ月もかかりました。」と述べている（前間，2005）。

2.1.5　加熱の仕組み

最終的に決められたヘルシオの加熱の仕組みは，左の水タンクから水をポンプで吸い込み，背面のエンジンポットでいったん100℃の蒸気に沸かし，その後，上面にある過熱水蒸気発生ユニットで300℃に熱して過熱水蒸気として，それを高速回転の循環ファンでパイプを通して左右および上面から吹き付けて食品を加熱する仕組みである[19]。この加熱エンジンの内部のヒーターには，フィン（ひだ）を付けることで，十分な熱を伝えるような工夫が加えられた。両サイドのパイプからも過熱水蒸気を噴射させ，熱を食品全体に行き渡らせるような工夫もされた[20]。

ハイクックレディによるメニューの実験も繰り返し行われた。過熱水蒸気を用いた調理は従来の電子レンジとは全く異なる原理のため，あらゆる料理において一からメニュー開発を行う必要があった。

「過熱水蒸気を投入するタイミングや温度，量など，全て未知の世界。試しては出来上がりを確認する，気の遠くなるような作業を繰り返した。」と調理システム事業部ウオーターオーブンプロジェクトチーム主事の大橋氏は述べている。そして，多くの実験の結果，「ケーキは，最初に過熱水蒸気を入れない。」「塩鮭は最初に水蒸気を入れ，後半は入れない。」などノウハウを構築する検討

を重ね，最終的には126もの豊富な自動調理メニューの搭載を実現していったのである[21]。そのメニューの中には，鶏自らの脂分でから揚げができる鶏のから揚げメニューというヘルシオならではの特長メニューも開発された。

2.1.6 過熱水蒸気による3つの効果

　多くの調理実験の結果，過熱水蒸気による効果が新たに3つあることもわかってきた。過熱水蒸気は食品の内部まで高い熱量を与えることができるので，食品に含まれる脂肪分を溶かし減らすことができるという「脱油効果」，表面に付着した凝縮水により余分な塩分を洗い流すという「減塩効果」，そして，庫内が過熱水蒸気で満たされるため庫内の酸素濃度が急激に低下し，ビタミンCの酸化分解が抑えられるという「ビタミンC保存効果」であった[22]。この健康効果のうち，「脱油効果」「減塩効果」は実験を行うハイクックレディが偶然見つけ，「ビタミンC保存効果」は井上氏や門馬氏が文献調査を行うことにより明らかとなった効果であった。

　まず「脱油効果」であるが，これらはハイクックレディ達がハンバーグやから揚げなど毎日さまざまメニューの調理実験を行っていると，食品から落ちる脂分が多いことに気づいた。実際，データをとってみると過熱水蒸気で調理した方が，動物性の食材から脂分が多く落ちることが明らかとなったのである。

　また，「減塩効果」もハイクックレディ達が調理実験を繰り返し，味見をすることで気づいた現象であった。実際，データをとってみると食品から落ちる塩分の量が多いことが明らかとなったのである。

　最後に「ビタミンC保存効果」であるが，「ビタミンC保存効果」のデータ取得はより高度な技術やノウハウが必要なため，食品栄養分析日本最大手の日本食品分析センターにて行われた。なお，データ取得の際には，食品の大きさを一定にするため，かぼちゃ，にんじんなどが1cm大に細かく切られ，その食品に対し従来のオーブン加熱と過熱水蒸気による加熱の比較実験が行われている。この結果，「ビタミンC保存効果」が明らかとなったのである[23]。

第4章　完全な成熟市場でなぜ「脱コモディティ化」が実現できたのか：
　　　　オーブンレンジ市場の事例研究

2.1.7　新キーワード：「健康調理」

　調理実験とあわせ，ユーザー調査も2003年の秋には行われる。その結果，世間には肥満気味・高コレステロール，高血圧等を抱えた成人病予備軍が中高年者を中心に多数いることが明らかとなる。

　膨大な実験や文献調査，ユーザー調査が実を結び始め，開発メンバーの頭に「健康調理」という新たなキーワードが浮かんでくるようになる[24]。そして，健康調理に対し調理システム事業部内での関心も高まっていく。

　2003年末，相談役の辻氏が，開発拠点の大阪府にある八尾工場を視察することがあった。この時，辻氏はヘルシオの説明を受け，「健康をコンセプトにした商品は面白い。この技術は，技術者にとって20年に一度，出会えるかどうかの技術テーマである。担当したことをチャンスととらえ，必ず商品化してください。」と激励の言葉を開発メンバーに贈っている。辻氏の激励は，事業部の動きを加速させることとなる[25]。

2.1.8　ウオーターオーブン・プロジェクトチームの発足

　2004年4月，ついに，調理システム事業部は技術部，商品企画部，ハイクックレディからなる横断的なウオーターオーブンプロジェクトチームを発足させる。調理システム事業部として，初めて事業部内に「緊急プロジェクト」的な専従チームを作ったのである。メンバーは事業部のトップが任命し，通常業務とは切り離し，ウオーターオーブンの開発だけに専念させた[26]。

　技術スタッフは家庭用にコンパクト化を進め，100ボルトで可能な技術開発を進めた。40年間の電子レンジの開発で鍛えられた技術力で各問題を解決していった。メニュー毎に適切な温度，水蒸気量，加熱時間をプログラミングする調理ソフトづくりでは，ハイクックレディと技術スタッフが126のメニューひとつひとつについて，何十回ものテストを繰り返し，鶏肉，豚肉，さば，パンと朝から晩まであらゆる食材の調理に取り組んだ。

　ただ，健康調理が上層部に受け入れられることにより，気をよくした一部の人々からは，「おいしさは二の次。とにかく健康でいこう。」という意見も出た

が，ハイクックレディのメンバーは，「おいしくない調理器は売れません。」と抵抗し，調理実験でも最後まで味を求めることを行った[27]。

　開発メンバーの思いが交錯するなか，食品のうまみを引き出しながら，「脱油効果」，「減塩効果」，「ビタミンC保存効果」という「おいしさと健康」の両立を実現する健康調理を確立していったのである。2004年春，社長の町田氏が八尾工場を訪れた際，試作機で調理した料理を食べると「おもったよりうまいなあ」と述べている[28]。

2.1.9　「ヘルシオ」という製品名の誕生

　事業部のメンバーだけでなく，社内の専門部隊も立ち上がる。宣伝部は，シンプルにコンセプトを表現できる「ヘルシオ」という製品名を編み出した[29]。実は，「水で焼く」を強調する他のネーミングで決まりかけていたのだが，社長の町田氏の「お客様のメリットがわかりにくい。健康に力点を置いた愛称のほうがええんちゃうか。」の一言により，ヘルシーをイメージする製品名となったのである[30]。

　ただ，ヘルシオという製品名を採用するには大きな問題が存在した。それは，ヘルシオというネーミングは，NECが商標権を有していたことであった。知的財産本部のメンバーは，再三，NECと交渉を行った。そして，その努力の甲斐があり，ヘルシオというネーミングを使用することをNECから許可される。それは，発売まで3カ月をきった頃のことであった。

　ヘルシオのCMは，90秒のクイズ仕立ての長尺CMとされた。そのCMには「脱油編」「減塩編」「ビタミンC保存編」という3つのストーリーが作られ，それぞれのCMを発売後，1カ月づつ流し，合計3カ月間流すという初めての試みが行われた。

2.1.10　シンメトリー（左右対称）な外観

　デザインセンターのデザイナー達も，調理器の常識を打ち破るシンメトリー（左右対称）な外観を完成させた。このシンメトリー（左右対称）なデザイン

第4章　完全な成熟市場でなぜ「脱コモディティ化」が実現できたのか：
　　　　オーブンレンジ市場の事例研究

には，ヘルシオが他の製品とは異なることを示すデザイナーの意図が込められていた。

　この当時，店頭に並んでいたオーブンレンジのデザインは，ドア部分に大きなガラス窓をはめ込み，操作パネルには多くのボタンをレイアウトしたスタイルが主流であった[31]。そこで，デザイナーはヘルシオの独自性を表現するために，競合製品とは異なるスタイルを採用した。それが，中央のやや狭いガラス面を両側の金属パネルで挟み込むような，スタイルであった。

　「舞台の両側に掛かったカーテンが開いているようなイメージをデザインした。」とデザイナーの鈴木氏は述べている[32]。ヘルシオのドアを開くと，そこにはこれまでのオーブンレンジにない方法で調理された料理が現れる。そのような期待感を顧客に感じてもらう狙いが込められたデザインであった。

　また，ヘルシオでは基本色の銀色に加えて赤色の商品もデザインされた。この赤色にも，デザイナーの2つの意図が込められていた。

　1つには，過熱水蒸気をイメージさせるという意図である。もう1つは，白やシルバーを基調としたキッチンの中のアクセントカラーとなる家電にしたいという意図であった。

　ヘルシオが発売された2004年前後から一般家庭のキッチンに変化があり，リビングとゆるやかに連続するようなオープンキッチンが増え始め，リビングのインテリアに見られるカラートレンドがキッチンにも影響を与えるようになっていた。そこで，白やシルバーを基調としたキッチンに差し色となるカラーデザインのインテリアや家電を置くというカラーコーディネートの考えが広く浸透し始めていたため，赤色を採用したのであった[33]。

　デザインセンター所長の岡田氏も当時のインタビューにおいて，「赤色でおしゃれな台所を演出したいという主婦のニーズは高まっています。最初は不安も感じましたが，思い切ったのが良かった。」と述べている[34]。また，岡田氏は，「火がない無色透明な空間の中で食品が焼けていく不思議さを見せる演出として，大きなガラス扉ごしに食品の焼けているシーンをきれいにライトアップして見せる工夫や，操作ボタンを少なくして『道具感』もだし，ボタンのデザイ

ンも高級感と使い心地にこだわった。」とも述べており，多くの思いをヘルシオに込めたことがわかる。

2.1.11　新製品発表会

　多くの開発者，デザイナー，ハイクックレディの努力の末，ヘルシオの新製品発表会は2004年8月23日に東京と大阪で行われる。製品の発表会というのは一般的にホテルで行われるが，ヘルシオの発表会の会場は東京が服部栄養専門学校，大阪が辻調理師専門学校と，ともに料理学校で行われた。

　発表会場として料理学校が選ばれた理由の1つとしてはヘルシオを何十台も持ち込み，その場で記者たちに試食してもらうことがあった。記者たちに実際に見て，味わってもらうことが，ヘルシオを理解してもらえる早道と考えたのである。

　また，ヘルシオの発表会の会場に料理学校が選ばれたもう1つの理由として，広報室副参事の飯澤氏は，「料理学校の教室はもともと調理する手元が周りから見やすい設計になっていますし，なによりプロを輩出してきた料理の殿堂ということに意義がありました。料理学校の教室で家電製品の記者発表を行うのは初めての試みだと思います。」と述べている（森部，2006）。

　さらに，飯澤氏はヘルシオの独自性を見せるために，文字や写真だけでは不十分だと考え，鶏のから揚げの表面が焦げ，肉汁がしたたる様子については，あらかじめ高画質カメラで撮影した画像をテレビ局に対して映像素材として提供する工夫や，「脱油」「減塩」「ビタミンＣ保存」のデータ（表4－1，表4－2，表4－3）について共同研究を行った大阪府立大学の教授に依頼するなど情報発信にも工夫を行っている（森部，2006）。

　これらの記者発表の一連の施策について飯澤氏は，「ヘルシオの記者発表で強調したかったのは，『脱油』『減塩』『ビタミンＣ保存』といった健康効果を数値などの科学的な裏付けをとったかたちで示すこと，産学連携の成果を打ち出すこと，ヘルシオのデビューにふさわしい発表会場を選定すること，発表会のストーリーをつくって，単なる記者発表ではなくお茶の間を巻き込むような

第4章 完全な成熟市場でなぜ「脱コモディティ化」が実現できたのか：
オーブンレンジ市場の事例研究

表4-1 ニュースリリースに掲載された脱油効果一覧

メニュー	加熱	比較調理器			ヘルシオ		比較調理器との差	
		調理器	総カロリー	脱油率	総カロリー	脱油率		減少率
ステーキ（200g）	オーブン	フライパン	674kcal	2.4%	586kcal	18.5%	▲88kcal	▲13%
鶏のから揚げ（125g）	オーブン	天ぷら鍋	261kcal	▲7.4%	215kcal	25.8%	▲46kcal	▲18%
さば（100g）	グリル	ガスグリル	300kcal	12.1%	281kcal	18.7%	▲19kcal	▲6%
鶏の照り焼き（125g）	オーブン	フライパン	181kcal	13.1%	170kcal	25.9%	▲11kcal	▲6%
エビの天ぷら温め（130g）	あたため	電子レンジ	456kcal	—	398kcal	18.8%	▲58kcal	▲13%

出所：「シャープ株式会社 News Release ヘルシオ＜AX-HC1＞」2004年8月23日をもとに筆者作成

表4-2 ニュースリリースに掲載された減塩効果一覧

メニュー	加熱	比較調理器			ヘルシオ		比較調理器との差	
		調理器	塩分量	減塩率	塩分量	減塩率		
塩鮭（80g）	グリル	ガスグリル	2.70g	6.5%	2.25g	22.0%	▲0.45g	約3倍
あじの開き（100g）	グリル	ガスグリル	1.17g	2.4%	1.04g	13.7%	▲0.13g	約6倍

出所：「シャープ株式会社 News Release ヘルシオ＜AX-HC1＞」2004年8月23日をもとに筆者作成

表4-3 ニュースリリースに掲載されたビタミンC保存効果一覧

メニュー	加熱	比較調理器			ヘルシオ		比較調理器との差	
		調理器	ビタミンC量	残存率	ビタミンC量	残存率		
かぼちゃ（75g）	オーブン	従来オーブン	14.9mg	50.9%	27.2mg	93.2%	12.3mg	約1.8倍
ブロッコリー（50g）	あたため	鍋	29.7mg	64.8%	40.9mg	89.2%	11.2mg	約1.4倍

出所：「シャープ株式会社 News Release ヘルシオ＜AX-HC1＞」2004年8月23日をもとに筆者作成

演出を考えることなどです。」と述べている。その飯澤氏の取り組みが功を奏し，記者発表は成功し，その結果，「発表の当日は，夜9時まで問い合わせや確認取材に追われましたが，結果をみて本当に報われた気持でした。さらに，発表後がいっそう大変でした。追加取材の依頼が殺到し，それぞれ意図が異なるので，これに対応するのに苦心しました。」と述べている（森部，2006）。

2.1.12 販売方法

　ヘルシオの発売後，営業部もヘルシオを多くの顧客に知ってもらうために，全国1,000店の家電量販店を実演して回るキャラバン隊を編成するなど，前例のない大規模な取り組みを行う。シャープにおける通常の新製品では，発売の半年前から営業方針の検討が行われ始めるのだが，ヘルシオはシャープ全社をあげた新製品であったために，発売の1年前の2003年の秋から販売方法について検討が開始されている。

　調理システム事業部　営業部部長の山本氏は，「まず健康を訴求すること。これに迷いはありませんでした。ヘルシオには，電子レンジでは破裂してしまうゆで卵がつくれたり，複数の食材を同時に調理できるなど，さまざまな利点があります。でも，健康，おいしい，便利ですと言いだすと，商品特徴がボケてくる。言いたいのをぐっと抑えました。」と述べ，健康に焦点をあわせた売り出しを行った。

　店頭展示物でも肥満体形の人をかたどった販促物を作り，「カロリーを控えたいすべての人に」というキャッチコピーを入れたり[35]，大型量販店の健康機器売り場のマッサージ椅子の脇にヘルシオの健康効果を解説した大きなパネルを展示したりした。健康志向の高い中高年の男性がマッサージをしていると，自然と目がパネルに行くように，そのパネルは展示されたのである[36]。

2.1.13 製品カタログ

　店頭POPやチラシ同様に，ヘルシオのカタログでも，健康が大きく打ち出されている。カタログの表紙では，「水で焼く」というヘルシオのキャッチコ

第4章　完全な成熟市場でなぜ「脱コモディティ化」が実現できたのか：
　　　　オープンレンジ市場の事例研究

ピー，赤色のデザイン，そして，ヘルシオという製品名が大きく打ち出され，カタログの2枚目では，当時，カリスマ主婦として有名であった黒田知永子氏をイメージキャラクターとし，食べ物のカロリーを落とすヘルシオの健康訴求を強く行った内容となっている。

さらに，カタログの3枚目では，左側で，再び，ヘルシオのデザインを強調し，右側に日本の人々の生活習慣についての記載がなされている。カタログ4枚目ではヘルシオでの調理のメカニズムが示され，カタログの5枚目では健康効能が数値で具体的に示された構成となっている。

2.1.14　営業部隊の活躍とアカデミック・マーケティング

営業部隊は店頭POP，チラシ，カタログだけでなく，実際にヘルシオと食材を販売店に持ち込み，実演による販売活動も行っている。ヘルシオが発売され1カ月前の2004年8月には，全国の営業担当者1,000人以上がヘルシオの開発拠点の大阪の八尾工場に集まり，泊りがけの研修会も行われた。

その研修会ではヘルシオの特徴や調理の方法について研修が行われ，その研修を受けた営業担当者が約1,000店舗の店頭で実演販売を行ったのである。営業部長の山本氏はこの試みについて，「やはり脂や塩分をカットした料理は，おいしくないだろうと思われる。また，高額の調理器が売れなくなっている現状で，どうせこの商品も同じだろうとたかをくくる店も少なくありませんでした。でも，実際に試食してもらえれば，誤解は解けるんです。実演で知ってもらうと，ヘルシオの売り上げは確実に伸びたんです。」とその思いを述べている。結果として，山本氏の狙いはあたり，ヘルシオが発売され，最初にヘルシオのメインの顧客層となったのは健康を気にかけ，かつ，生活に余裕のある50代から70代の層であった[37]。

ヘルシオの開発者の井上氏が率いる電化商品開発センターも，この営業活動の後方支援を行っている。井上氏らは共同研究先の大阪府立大学との協力により，精密なデータを取得し，健康効果の信頼性を高めた後に顧客に示す「アカデミック・マーケティング」を行ったのである。井上氏は，「各部門がこれほ

どこだわりを持って関わった商品は過去にはありませんでした。それは，どの部門もこの商品のよさに共感してくれたからです。関係した人間たちが共感した商品は，市場に出たとき，ユーザーも同じように共感してくれる。共感の連鎖。ヘルシオの開発で私が得た最大の発見でした。」と述べている[38]。

2.1.15 発売とその反響

2004年9月にヘルシオは発売された。そして，その反響は大きなものとなった。

経済産業省の『ものづくり日本大賞優秀賞』，『日本電機工業会会長賞』，『日本経済団体連合会会長賞』，『サライ大賞』，『UNITED リーダーオブザイヤー挑戦未来賞』，『デジモノ・オブ・ザ・イヤー審査員特別賞』などの15の賞を受賞することになる。たとえば，『サライ大賞』の選考委員の寸評では「今までここまでデザインを重視した調理器はなかった。」，「健康に意識が高い人に最適。」，「もっと調理場に立って料理を作りたくなるような素晴らしい商品。」[39]という評価を得ている。これは，開発者，営業担当者などの意図が多くの過程を経て変化しながらも，社会に受け入れられたことを示している。

また，ヘルシオのヒットは，思わぬ効果ももたらした。インテリアショップにヘルシオが置ける棚が欲しいという顧客が数多くやってきたのである[40]。ヘルシオは，従来のオーブンレンジに比べて，奥行き，高さともひとまわり大きく，規格の食器棚では置けないことがあった。一般的に考えれば，キッチンに置けないものは買わないという消費者の心理が働きそうである。しかし，ヘルシオを置くために，棚を買い替えたいという需要がうまれ，ヘルシオの大きさに合わせた収納棚が発売されることとなったのである[41]。

これらからわかるようにヘルシオは，従来はおいしく料理するための道具としてのオーブンレンジに，健康調理という新たな製品価値を創出した製品であった。

第４章　完全な成熟市場でなぜ「脱コモディティ化」が実現できたのか：
オーブンレンジ市場の事例研究

> **コラム**
>
> **ヘルシオブランドの拡大**
>
> ヘルシオのヒットを経て，しばらくした後，ヘルシオブランドを冠した他製品がシャープから発売されている。その製品とは，スロージューサー，炊飯器，水なし自動調理鍋である。
>
> 《発売年》
> - 2004年：ウオーターオーブン「ヘルシオ」が発売される
> - 2012年：スロージューサー「ジュースプレッソ」が発売される
> - 2012年：炊飯器「ヘルシオ炊飯器」が発売される
> - 2013年：2012年に発売された「ジュースプレッソ」の改良製品の市場投入とともにスロージューサー「ヘルシオジュースプレッソ」と改称され発売される
> - 2017年：水なし自動調理鍋「ヘルシオホットクック」が発売される

2.2　スチームエレックの開発

　実は，2004年にはシャープのヘルシオ以外にも蒸気を発生させることができるオーブンレンジが発売されている。この製品は，松下[42]から発売されている「スチームエレック」という製品であった。

　この松下のスチームエレックという製品は，ヘルシオと同じように蒸気を発生させることはできた。しかし，技術的な相違点として蒸気の温度が300℃まで高温にならない点があった。また，製品コンセプトも異なった。ヘルシオのコンセプトが「健康とおいしさ」であったのに対し，松下のスチームエレックのコンセプトは「おいしさ」であった。デザインも，松下のスチールエレックは従来のオーブンレンジと同じようなシルバー色を主としたデザインとなっており，その点でも大きくシャープのヘルシオと松下のスチームエレックは異なった製品であった。また，松下には「エレック」という製品もあるのだが，この製品は蒸気を発生できない製品であり，スチームエレックの下位モデルとなる。

2.2.1 開発のきっかけ

　松下のスチームエレックの開発は，2001年の暮れから始まる。このきっかけは，クッキングシステム事業部　技術グループ　マネージャーの坂本氏が店頭視察を行ったことであった。坂本氏が，この時考えていたことは「毎年，新製品を開発し，調理機器としての工夫を凝らして，お客様に価値を提供しようとがんばっている。しかし，お客様は単機能レンジを買っていかれる。お客さんは，いったいレンジになにを期待しているのか。」ということだった。そこで，坂本氏は店頭視察を行う。「まずは販売店を見に行ったんですわ。そしたら，誰もいない。3店，4店まわっても，いないんです。ショックでした。」[43]と坂本氏はこの時のことを述べている。

　坂本氏は，オーブンレンジだけでなく他の調理機器であるIH調理器，ガスコンロ，フライヤーがそれぞれ「茹でる，焼く，煮る，温める，蒸す，炒める」の中で何が得意で，何が不得意かを改めて調べることとした。その結果，オーブンレンジは，「どれもそこそこできるけど，中途半端。再加熱以外は，2重丸がつかない。はやいだけで，特化したところがなかったんですわ。」と気づく。さらに，「再加熱にしてもはやいだけですねん。乾くから，おいしくないんやね。はやくて便利なだけでは，調理器具とはいえへん。食を提供するにはおいしくなければあかん。レンジに足りないのは，おいしさなんだ。おいしさをつくらなあかん。」と考えるようになってくる。ここで坂本氏が，「おいしい」を実現するために注目したのが，スチームであった。松下では，スチームについては，過去から技術者がトライしてあきらめたことが何度か繰り返されていたのだが，坂本氏は，「おいしいを目指すには，スチームしかない。今こそが，このスチームと真剣に取り組む時期なのだ。」と考えるようになった[44]。

　坂本氏が，スチーム機能を搭載した製品の開発をはじめて相談したのは，技術グループ　技師の早川氏であった。早川氏は，「初めてスチーム機能の搭載を聞いた時，正直いってやりたくないなあと心でつぶやいていましたね。」と述べている。この理由としては，「スチーム機能を搭載するということは，水をつかうということで，レンジで水を使う経験がないですから，ハードルが高

第 4 章　完全な成熟市場でなぜ「脱コモディティ化」が実現できたのか：
　　　　オーブンレンジ市場の事例研究

いことが予想がついてたんですよ。水を供給する技術もいるし，衛生面の問題点，電波漏れや放電による火花の問題もでてきますし。その上，次期発売商品をお披露目する商談会ももうすぐ。ちょっと考えただけでも，問題は山積みですからねえ。」と述べている[45]。

2.2.2　実験へのスチームクリーナーの活用

　坂本氏の説得の末，技術者の早川氏は開発に取り掛かるのだが，早川氏が原理実験として使用しようと考えたのはスチームクリーナーであった。スチームの噴射を自由に調整できるクリーナーは実験に最適であったのだ。

　早川氏は，「早速，簡易スチームオーブンレンジを使って，試すことにしました。スチーム発生装置として，スチームクリーナーを利用して，レンジとパイプでつなぎスチームを簡易に発生させ，レンジ加熱をしながらスチームをかけたりしていろいろ試したんです。レンジ加熱をしながら，スチームクリーナーで噴射しますよね。スチームを掛けるタイミングをいろいろ変えていくんです。最初だけとか，途中だけとか，最初から最後までとか。スチームクリーナは，自分の手でスチームを出すタイミングが決められるので，実験にはとても重宝したんです。」と述べている[46]。

　早川氏は，肉まん，冷凍シュウマイ，チルドシュウマイなどの食材で，調理によって，水分がどれほど減るのか，温度がどれだけ上がるのか，食べてみておいしいのかなどをひとつひとつ確認していった。早川氏は，「1回に，1パックのシュウマイを皿に並べて加熱し，周囲と中心の仕上がりの違いを確認していくんです。作業は，1日中，15回くらい続けましたね。皿の中心と手前と奥，それぞれ違いはないか，最低3個は食べなくては駄目なんですよ。見たり触るだけでは駄目ですね。やっぱり調理実験は食べないと，確実な最終評価は出せませんから。」と述べている[47]。

　そのほかにも，天ぷら，たこ焼き，から揚げ等の実験が繰り返し行われている。調理実験を繰り返す結果，シュウマイや肉まんは，中までふっくらの仕上がりが実現できるようになる。また，オーブンとスチームの組み合わせで，ス

ポンジケーキを焼くとキメの細かいおいしいスポンジができることがわかってくる。さらにシュー皮を焼く際は、最初にスチームを一瞬入れることにより、ふんわり仕上がることが明らかとなってくる。

2.2.3 開発決定

坂本氏と早川氏が得たこの実験結果を会社の上層部に説明すると、即座に開発の承認が下りることとなる。2002年1月のことであった。

そして、この後に行われたのが、大手量販店への商談会であった。通常、商談会では完成品に近い製品によってプレゼンが行われる。しかし、この製品に関しては市場ニーズの確認を優先し、しっかりした試作機がないままに商談会を行うことにしたのである。それは、開発の承認が正式に下されたわずか1カ月後の2002年2月であり、寄せ集めの機器でプレゼンが行われることとなる。

早川氏は、「ここでは、実験で使ったスチームクリーナーではなく、ずいぶん昔に発売していたスチームトースターを何とか引っ張り出してきて、試作機を作りました。与えられた時間は長くても30分、短かければわずか5分くらいのものでしたから、量販店の方々に少しでもスチーム機能とオーブンレンジがひとつになったところをイメージして欲しかったんです。」と述べている。そして、商談会のプレゼンの結果、早川氏は、「商談会での感触は良かった。本当に良かったです。皆さん、喜んでシュウマイや肉まんを食べてくれましたよ。オーブンレンジとスチームトースター2台をパイプでつないだ不格好な試作機でしたが。」と述べ、この製品の可能性について自信をもつようになる[48]。

2.2.4 設計開始

商談会の高い評価を受け、正式にスチームを発生する特性を有したオーブンレンジの設計が始まることとなる。その際に、松下ホームアプライアンス社の社長の林氏より「現行の本体サイズは死守せよ。」との指示が下される[49]。

現行の本体サイズの実現は、容易なものではなかった。設計を担当した技術グループ　本体設計国内チーム　技師の山崎氏は、「もう大変でした…。商談

第4章 完全な成熟市場でなぜ「脱コモディティ化」が実現できたのか：オーブンレンジ市場の事例研究

会で使ったスチームトースターの仕組みを改めて調べてみたり，ヨーロッパで販売している他社のスチーマーやスチーム機能つきの業務用オーブンのカタログにあたったりと，できるかぎりのことをやりました。でも，スチームトースターはそもそも本体の外で蒸気を発生させる仕組みでしたし，スチーマーや業務用オーブンも，電子レンジとは根本的に異なる構造のものでしたから，実際にはあまり参考にならなかったんです。結局，電子レンジへのスチーム機能搭載は，いちから，試してはやり直し，試してはやり直しの繰り返しでした。とにかく一番大事なスチーム発生部分ができなきゃ話しになりませんからね。」と述べている。多くの検討の結果，山崎氏は，「最終的に行き着いたのが，庫内の奥に細い水受皿を置くという設計。その下にヒーターを取り付け，水受皿に貯まる水を熱し，スチームにするというシンプルな方法だったんです。ほら，庫内の奥にある蓋を外すと奥に細長い皿の様な部分がありますよね。水を入れたカートリッジタンクからこの受け皿に水をじゃ～と出します。すると，皿に貯まった水がヒーターで熱せられジュジューとスチームになっていくんですよ。」と述べている[50]。

2.2.5 発売

これらの結果，スチームエレックの第１号機は，2002年の夏に発売される。発売当時のチラシでは，スチームを発生させる特長が強く訴求される。そして，このスチームエレックは，ヒット製品となる。スチームを発生させる特長が市場に受け入れられた１つの結果といえる。

翌年の2003年には，発生する蒸気量が増やされた製品が発売され，ヘルシオが発売された2004年には，さらに発生する蒸気量が増やされた製品（NE-SA9/NE-SA5）が発売されることとなる[51]。しかし，ヘルシオの発売により，この2004年のスチームエレックはヒット製品とはならなかった。健康調理という新たな訴求を行ったヘルシオに対し，スチームエレックのスチームによるおいしさ訴求という従来のオーブンレンジの延長線上の訴求では，市場へのインパクトが小さかったのである。

2.3 2005年のオーブンレンジ市場

2.3.1 2005年のシャープの動き

　2004年に新たに健康調理を訴求したヘルシオが，市場に受け入れられることにより，2005年にはシャープのヘルシオの製品数が2004年の1機種から2機種へと増加する。庫内容量を2004年に既に発売していた26Lのタイプ（機種名：AX-HC2）に加え，20Lのタイプ（機種名：AX-HT2）が発売される。

　製品カタログをみると製品カラーも増え，26Lのタイプ（機種名：AX-HC2）は，前衛機種では赤色とシルバー色であったが，ブラウン色が新たに加わり3色となる[52]。また，20Lのタイプ（機種名：AX-HT2）も赤色と白色の2色展開となっている。

　「脱油」，「減塩」，「ビタミンC保存」という健康調理の訴求は引き続き行われ，さらにこれに加え「コエンザイムQ10の保存」効果が2005年には加わっている。なお，カタログ等への表記では，「ビタミンC保存」と「コエンザイムQ10」の保存効果をまとめて，「抗酸化物質キープ」という訴求が行われている。

2.3.2 2005年の競合企業の動き

　2005年には，前年のシャープのヘルシオの成功を見た競合企業の松下，東芝，日立がヘルシオと同じ健康調理を訴求点としたスチームオーブン[53]を発売する[54]。製品カタログをみると，特に松下は新たに高温の過熱水蒸気技術を搭載し，メイン訴求を前年のおいしさから健康調理に変更している。これは，ヘルシオが創出した健康調理を競合企業の松下が模倣したことを示している。

　また，製品カタログをみると東芝もシャープのヘルシオと同じような健康調理の訴求を行っている。東芝は，新たに「カロリーカット」や「過熱水蒸気」という表現をカタログに記載している。カロリーカットや過熱水蒸気という表現は，前年のカタログには記載はなく，ヘルシオから影響を受けているものと考えられる。製品ブランド名は，健康調理の訴求を行う以前から使用している「石窯オーブン」が使われている。

第4章　完全な成熟市場でなぜ「脱コモディティ化」が実現できたのか：
オーブンレンジ市場の事例研究

また，製品カタログをみると，日立もシャープのヘルシオと同じような健康調理の訴求を新しく行っている。健康とおいしいという表現を使いつつも，シャープと東芝とは異なり過熱水蒸気という表現を用いずに，「ナノスチーム」という表現を新たに採用している。また，調理の「はやさ」でも訴求を行っている点も，競合他社とは異なる独自な点となる。さらに，日立は，2005年より「ヘルシーシェフ」という新たな製品ブランド名を使用しており，健康調理を強く意識した製品訴求を行っている。

オーブンレンジ市場の競合企業は，シャープ，松下，東芝，日立，三洋，三菱，吉井電気，大宇電子ジャパンの8社であるが，ヘルシオの発売の1年後の2005年には，そのうちの4社が健康調理の訴求を行ったスチームオーブンを発売したこととなる。各社の製品のブランド名は，シャープがヘルシオ，松下がスチームエレック，東芝が石窯オーブン，日立がヘルシーシェフである。ヘルシオの成功が競合各社を巻き込み，健康調理という製品価値がオーブンレンジ市場に広がり始めたのが2005年となる。

2.4　2006年のオーブンレンジ市場

2.4.1　2006年のシャープの動き

2006年になると，シャープは，スチームオーブンの製品数を，前年に比べ，1機種増加させ，3機種としている[55]。この増加されたスチームオーブンは，庫内容量が30Lの大型タイプである。この製品は，「ヘルシオPro」という製品ブランドの製品であり，従来のヘルシオの1つ上のグレードの製品として訴求が行われている。また，デザイン面でも，光沢のある深い黒色をはじめてヘルシオで採用することにより高級感を漂わせるデザインとなっている。なお，前年の後継機種となる26Lタイプ（機種名：AX-HC3）は，赤色とシルバー色のカラー展開であり，20Lタイプ（機種名：AX-HT3）は，ブラウン色と白色のカラー展開となっている。

30Lタイプの機種名は，AX-1000となっている。このAX-1000という機種名は，前年の2005年に発売されたAX-HC2，AX-HT2や2006年に発売された

下位機種の AX-HC3，AX-HT3 とは大きく異なる機種名となっている。この理由は，最終顧客である一般消費者ではなく，ヘルシオを消費者に販売する量販店の店員に向け，この製品が前衛機種や下位機種とは異なるレベルの製品であるという認識をもってもらうために，つけられた機種名であった[56]。ヘルシオの製品開発においては，最終顧客である消費者だけでなく，ヘルシオを販売する量販店の店員に対しても，ヘルシオの価値の意味づけを行ってもらうことにより，新たな製品価値の創出を狙った製品開発が行われていることになる。健康調理の訴求は，2006年にも，引き続き行われている。ただ，新製品ニュースでは，「一歩先ゆく『美味しさ』と『健康』」という表現がされており，健康調理を模倣してきた競合企業を強く意識し，競合企業よりも先行していることを示したいというシャープの狙いが見て取れる。

2.4.2　2006年の競合企業の動き

2006年には，シャープ，松下，東芝，日立に続き，三洋も新たに健康調理の訴求を行ったスチームオーブン「デリスタ」を発売する[57]。これで，2006年には，競合企業8社のうちの5社が，健康調理を訴求したスチームオーブンを発売することとなる。

また，製品カタログをみると，松下と東芝は新たな製品ブランド名をつけた製品を2006年に発売する[58]。松下は「３つ星　ビストロ」であり，東芝は「石窯オーブン　カロリエ」である。松下は健康調理の訴求を強化するために，調理コースを標準コースとヘルシーコースに分けることを行っている。また，東芝はカラー展開を大幅に増加させ，ヘルシオと同じように赤色も含めた製品のカラー展開を行っている。

2.5　2007年のオーブンレンジ市場

2007年になると，三菱からも健康調理の訴求が行われたスチームオーブンが発売されることとなる[59]。製品ブランド名は，「石焼厨房」である。石窯のおいしさを顧客にイメージさせながら，健康調理の訴求も同時に行うカタログ訴

第4章 完全な成熟市場でなぜ「脱コモディティ化」が実現できたのか：
オーブンレンジ市場の事例研究

求となっている。

　これで，オーブンレンジ市場の競合企業8社のうち6社が，健康訴求を行ったスチームオーブンを発売することとなる。そして，その結果，オーブンレンジ市場におけるスチームオーブンの機種数は，約4割を占めることとなる[60]。

　この後，オーブンレンジ市場の中に，スチームオーブンというサブカテゴリ[61]が形成されていく。そして，競合企業がその競争の中で，スチームオーブンのラインナップを拡充させていくことにより，市場に多種多様な製品ブランドや特長を有した製品が生み出されていく。

　たとえば，製品ブランドだけをとっても，松下の3つ星　ビストロ，東芝の石窯オーブン　カロリエ，日立のヘルシーシェフ，三洋のデリスタ，三菱の石焼厨房と新たな製品ブランドが，2005年から2007年のわずか3年の間に生み出されている。これが市場の再活性化を促し，市場全体としての平均単価が上昇していくこととなるのである。

3．オーブンレンジ市場の経験的研究の結果

　本章では，オーブンレンジ市場の経験的研究の結果を示した。事例として，オーブンレンジ市場を取り上げた理由は，この市場が，価格競争が激化している近年の電機産業では珍しく，2004年以降，平均単価が徐々に上昇している市場だからであった。そして，本章では，その発端となったヘルシオというオーブンレンジの開発プロセスから，その後の市場での競合企業の製品との競争のダイナミズムも含めて，さまざまな資料をもとに事例研究としての再構成を図った。

［付記］
　本章は，陰山（2015）をもとに，加筆・修正したものである。

注

1 一般社団法人 日本電機工業会ホームページ「電子レンジの歴史」(https://www.jema-net.or.jp/Japanese/ha/renji/history.html) より
2 以下，本書で記載している役職は開発当時のものである。
3 「シャープ ウオーターオーブン『ヘルシオ』② 開発秘話 私たちの挑戦」産経新聞 2004年9月28日夕刊
4 「ヒットの軌跡 Healsio」『日経トレンディ』2005年5月号
5 「技あり関西 すそ野からの挑戦」読売新聞 2005年9月20日夕刊
6 緊急プロジェクトとは，シャープの独自技術を駆使した特長製品の早期事業化に向け，全社関連部門より選ばれたメンバーにより，編成された開発チームのことである。「緊急プロジェクト」の原型は734プロジェクトと呼ばれる1973年に行われた世界で始めて液晶表示装置を使った電卓を開発したプロジェクトであり，1977年にスピードを要する戦略製品の開発にこの方式を制度化したのが現在の「緊急プロジェクト」の始まりである。運営上の特長として，「緊急プロジェクト」では，会社のどこからでもメンバーを招集でき，社長に直属した組織になるため，その予算は大きなものとなる（柳原・大久保，2004）。
7 「シャープ ウオーターオーブン『ヘルシオ』① 開発秘話 私たちの挑戦」産経新聞 2004年9月27日夕刊
8 シャープ株式会社 2004年度ウオーターオーブン製品カタログより
9 「技あり関西 すそ野からの挑戦」読売新聞 2005年9月20日夕刊
10 「事例紹介 電化システム事業本部 ウオーターオーブン"ヘルシオ""水で焼く"調理器への挑戦」『シャープ社内報 MADO』2004年10月号
11 「事例紹介 電化システム事業本部 ウオーターオーブン"ヘルシオ""水で焼く"調理器への挑戦」『シャープ社内報 MADO』2004年10月号
12 「技あり関西 すそ野からの挑戦」読売新聞 2005年9月20日夕刊
13 「技あり関西 すそ野からの挑戦」読売新聞 2005年9月20日夕刊
14 ハイクックレディとは，シャープで1965年に誕生した調理メニューを開発する専門の人々の名称。
15 「成功の本質 第23回 シャープ ヘルシオ」『Works』2005年12月-2006年1月号
16 「事例紹介 電化システム事業本部 ウオーターオーブン"ヘルシオ""水で焼く"調理器への挑戦」『シャープ社内報 MADO』2004年10月号
17 「成功の本質 第23回 シャープ ヘルシオ」『Works』2005年12月-2006年1月号
18 「事例紹介 電化システム事業本部 ウオーターオーブン"ヘルシオ""水で焼く"調理器への挑戦」『シャープ社内報 MADO』2004年10月号
19 「成功の本質 第23回 シャープ ヘルシオ」『Works』2005年12月-2006年1月号
20 「事例紹介 電化システム事業本部 ウオーターオーブン"ヘルシオ""水で焼く"調理器への挑戦」『シャープ社内報 MADO』2004年10月号
21 「事例紹介 電化システム事業本部 ウオーターオーブン"ヘルシオ""水で焼く"調理器への挑戦」『シャープ社内報 MADO』2004年10月号
22 シャープ株式会社 2004年度ウオーターオーブン製品カタログより
23 「ヒットの軌跡 Healsio」『日経トレンディ』2005年5月号
24 「事例紹介 電化システム事業本部 ウオーターオーブン"ヘルシオ""水で焼く"調理器への挑戦」『シャープ社内報 MADO』2004年10月号
25 「シャープ ウオーターオーブン『ヘルシオ』③ 開発秘話 私たちの挑戦」産経新聞 2004年9月29日夕刊

第 4 章　完全な成熟市場でなぜ「脱コモディティ化」が実現できたのか：オーブンレンジ市場の事例研究

26　「シャープ　一点実現の集中力」『日経ビジネス』2004年12月13日号
27　「シャープ　ウォーターオーブン『ヘルシオ』③　開発秘話　私たちの挑戦」産経新聞 2004年9月29日夕刊
28　「シャープ　一点実現の集中力」『日経ビジネス』2004年12月13日号
29　「ヒット商品のレシピ　シャープ　ウォーターオーブン　ヘルシオ」『室内』2005年11月号
30　「シャープ　ウォーターオーブン『ヘルシオ』④　開発秘話　私たちの挑戦」産経新聞 2004年9月30日夕刊
31　「21世紀デザイン史　9回　シャープ『ヘルシオ』」『NIKKEI DESIGN』2010年6月号
32　「21世紀デザイン史　9回　シャープ『ヘルシオ』」『NIKKEI DESIGN』2010年6月号
33　「21世紀デザイン史　9回　シャープ『ヘルシオ』」『NIKKEI DESIGN』2010年6月号
34　「シャープ　ウォーターオーブン『ヘルシオ』④　開発秘話　私たちの挑戦」産経新聞 2004年9月30日夕刊
35　「ヒットの軌跡　Healsio」『日経トレンディ』2005年5月号
36　「ヒットの軌跡　Healsio」『日経トレンディ』2005年5月号
37　「成功の本質　第23回　シャープ　ヘルシオ」『Works』2005年12月－2006年1月号
38　「第4回　2005年　サライ大賞」『サライ』2005年11月3日号
39　「第4回　2005年　サライ大賞」『サライ』2005年11月3日号
40　「ヒット商品のレシピ　シャープ　ウォーターオーブン　ヘルシオ」『室内』2005年11月号
41　「ヒット商品のレシピ　シャープ　ウォーターオーブン　ヘルシオ」『室内』2005年11月号
42　松下電器産業は，2008年10月に社名をパナソニック株式会社に変更しているが，本書の分析期間は，2007年までであり，本書では一貫して，松下という社名で表示している。
43　松下電器産業株式会社ホームページ「おいしい力発見，スチームの力！―スチームオーブンレンジ―」(http://panasonic.co.jp/ism/steam/index.html) より
44　松下電器産業株式会社ホームページ「おいしい力発見，スチームの力！―スチームオーブンレンジ―」(http://panasonic.co.jp/ism/steam/index.html) より
45　松下電器産業株式会社ホームページ「おいしい力発見，スチームの力！―スチームオーブンレンジ―」(http://panasonic.co.jp/ism/steam/index.html) より
46　松下電器産業株式会社ホームページ「おいしい力発見，スチームの力！―スチームオーブンレンジ―」(http://panasonic.co.jp/ism/steam/index.html) より
47　松下電器産業株式会社ホームページ「おいしい力発見，スチームの力！―スチームオーブンレンジ―」(http://panasonic.co.jp/ism/steam/index.html) より
48　松下電器産業株式会社ホームページ「おいしい力発見，スチームの力！―スチームオーブンレンジ―」(http://panasonic.co.jp/ism/steam/index.html) より
49　松下電器産業株式会社ホームページ「おいしい力発見，スチームの力！―スチームオーブンレンジ―」(http://panasonic.co.jp/ism/steam/index.html) より
50　松下電器産業株式会社ホームページ「おいしい力発見，スチームの力！―スチームオーブンレンジ―」(http://panasonic.co.jp/ism/steam/index.html) より
51　松下電器産業株式会社　2004年度電子レンジ製品カタログより
52　シャープ株式会社　2006年度ウォーターオーブン製品カタログより
53　過熱水蒸気による健康調理の訴求を行ったオーブンレンジのことを，本書では，これ以降，スチームオーブンと呼ぶこととする。大手量販店の店頭展示においても，この名称が

一般的に使用されている。
54 松下電器産業株式会社，東芝ホームアプライアンス株式会社，日立アプライアンス株式会社　2005年度電子レンジ製品カタログより
55 シャープ株式会社　2006年度ウオーターオーブン製品カタログより
56 シャープ株式会社　健康・環境システム事業本部　調理システム事業部　開発担当者Ｔ氏へのインタビューより（2009年5月11日実施）
57 三洋電機株式会社　2006年度電子レンジ製品カタログより
58 松下電器産業株式会社，東芝ホームアプライアンス株式会社　2006年度電子レンジ製品カタログより
59 三菱電機株式会社　2007年度電子レンジ製品カタログより
60 シャープ株式会社　2007年度ウオーターオーブン/電子レンジ製品カタログ，松下電器産業株式会社，東芝ホームアプライアンス株式会社，日立アプライアンス株式会社，三洋電機株式会社，三菱電機株式会社　2007年度電子レンジ製品カタログより
61 サブカテゴリとは，従来と異なる土俵のことであり，顧客にとって意味のある情報の表象を作り出すことができれば，顧客の新しい消費行動を促すことが可能となる（恩蔵，2006，2007）。

第5章 オーブンレンジ市場の製品価値の定量化

１．共有されていない製品価値測定の実践的検討

　前章では，ヘルシオというオーブンレンジの開発プロセスから，その後の市場での競合企業の製品との競争のダイナミズムも含めて，さまざまな資料をもとに事例研究としての再構成を図ったわけだが，本章ではオーブンレンジ市場の共有されていない製品価値の定量化を行う。具体的には，第３章で既に理論的な検討を行ったヘドニック・アプローチ分析と確率的フロンティア分析を活用して，共有されていない製品価値の定量化を行う。

　ヘドニック・アプローチ分析と確率的フロンティア分析を行うためには，製品の価格情報が必要となる。なぜなら，既に第２章で議論してきたように，本書では，製品価値を分析する際，製品価格を指標としているためである。本書では，価格情報はマーケティング調査会社 A 社のデータを使用することとした。この理由としては，A 社のデータは全国の市場価格情報をひろく入手したデータであるためである。分析期間は，オーブンレンジ市場の平均単価の変局点となった2004年から2007年までとした。本書では，データベースを構築するために，この４年間の月毎の加重平均価格を収集した。そして，分析対象期間におけるデータ数量が年度毎に極力ばらつかないようにするため，販売数量が上位50位の製品を選択した。さらに，その上で，最低100台／月以上売り上げた機種に絞り込む操作を行った。この結果，価格データのサンプル数は2,259となった。

　そして，この2,259のサンプルに対し，製品のカタログや各企業のホームページなどから，製品特性の情報を得，データベース化を行った。その際，製品の

機能となる特性は，本書では，具体的には，「各企業のカタログ，取り扱い説明書へ共通して記載されている製品の特性」と考えることにした。その結果，本書で研究対象としているオーブンレンジの機能は以下のように7つとなった。

＜オーブンレンジの7つの機能（共有された製品特性）＞
1．オーブンの消費電力[1]：(単位：W)
2．グリルの消費電力：(単位：W)
3．レンジの消費電力：(単位：W)
4．高周波出力：(単位：W)
5．庫内容量：(単位：L)
6．フラットテーブル：(ダミー変数：フラットテーブルの製品に1，ターンテーブルの製品に0)
7．調理ができる段数：(ダミー変数：2段調理ができる製品に1，2段調理ができない製品に0)

ただし，この7つの機能の変数を用いて重回帰分析を行ったところ，3．レンジの消費電力と4．高周波出力においては高い相関関係があり，多重共線性が発生してしまったため[2]，4．高周波出力を機能の説明変数から削除した。その結果，本書における共有された製品価値の説明変数は，下記のように6つとなった。

＜オーブンレンジの6つの機能（共有された製品特性）＞
1．オーブンの消費電力：(単位：W)
2．グリルの消費電力：(単位：W)
3．レンジの消費電力：(単位：W)
4．庫内容量：(単位：L)
5．フラットテーブル：(ダミー変数：フラットテーブルの製品に1，ターンテーブルの製品に0)

第 5 章　オーブンレンジ市場の製品価値の定量化　95

6．調理ができる段数：(ダミー変数：2 段調理ができる製品に 1，2 段調理
　　ができない製品に 0)

　本書では，さらに，年次のダミー変数，発売後経過月数も説明変数として加
えている。発売後経過月数とは，発売時点からどの程度月数が経過しているの
かを表す数値であり，時間の経過に伴う製品の陳腐化を調整するためのもので
ある。オーブンレンジの場合，発売時点から時間が経過すると市場における製
品評価は徐々に低下する。この変数は，諸特性値の水準だけでは測定すること
が困難な，製品トータルとしての陳腐化の影響を捕捉するものである。

＜加える説明変数＞
1．年次：(ダミー変数：年次の区分，2004 年がベース)
2．発売後経過月数：(単位：月)

　次に，ヘドニック・アプローチ分析を行う際に必要となる共有されていない
製品特性の選択だが，前章で行った事例研究からは，健康調理，製品ブランド
名，本体色（赤色），過熱水蒸気技術という 4 つの特性が，ヘルシオが市場で
受け入れられるきっかけとなり，その後の企業間競争の中で，大きな役割を果
たしていると考えられる。ただし，過熱水蒸気技術を搭載した製品は，同時に，
健康調理の訴求も行っており，この特性を重回帰分析で，分離して推定するこ
とは困難である[3]。したがって，本書では，共有されていない製品特性を以下
の 3 つの特性に絞り，分析することにした。

＜共有されていない製品特性＞
1．健康調理：(ダミー変数：健康調理の訴求を行っている製品に 1，健康調
　　理の訴求を行っていない製品に 0)
2．製品ブランド名（ヘルシオ，ヘルシオ Pro，スチームエレック，エレック，
　　3 つ星　ビストロ，石窯オーブン，石窯オーブン　カロリエ，ヘルシーシェ

フ，デリスタ，石焼厨房）：（ダミー変数：そのブランド名であれば1，そのブランド名でなければ0）
3．本体色：（ダミー変数：赤色であれば1，赤色以外であれば0）

次に，データベースとした2,259のサンプルを，1月から12月までの月毎の12のグループにわけ，その中から，本書において測定対象とするグループを選択する。この操作は，本書では，2004年から2007年までのデータ分析をしているため，1つの月に固定して，この4年間のデータの比較を行うことが価値の変化を把握する上で必要と考えたためである。そして，検討の結果，本書においては，12グループの中から，12月のデータを分析対象として選択することとした。この理由は3点ある。

1点目は，オーブンレンジ市場の最も売上金額が大きい月は，12月であり，12月が最も各社の競争状態を如実に示す可能性が高いと考えたためである。2点目としては，本書においては，健康調理訴求を行ったシャープのヘルシオがはじめて発売された2004年から測定を行うわけだが，そのヘルシオが発売されたのは，2004年の9月であり，必然的に，ヘルシオを分析に含むためには，9月，10月，11月，12月の4カ月のいずれかの月になるためである。3点目は，9月，10月，11月，12月の4カ月において，本書で選択したオーブンレンジの製品特性を説明変数として，重回帰分析を行った結果，調整済み決定係数が，それぞれ，0.927，0.931，0.930，0.932となり，12月が最も高く，12月のデータが最も信頼性が高いと判断したためである。

次に，それぞれの製品ブランドが，どの企業の製品ブランドであり，健康調理訴求を行った製品であるのか否かを改めて整理する。ヘルシオとヘルシオProという製品ブランドは，シャープの製品ブランドである。そして，両ブランドとも，過熱水蒸気による健康調理訴求が行われた製品となる。次に，スチームエレック，エレック，3つ星　ビストロという製品ブランドは，松下の製品ブランドである。スチームエレックは，ヘルシオと同じように蒸気を発生させる特徴を有しており，2004年には，健康調理訴求を行っていないが，2005

年以降は健康調理訴求を行っている製品ブランドである。それに対し，エレックは，蒸気を発生させる特徴は有しておらず，健康調理訴求も行っていない製品である。3つ星　ビストロは，2006年からスチームエレックの後継ブランドとして発売された製品ブランドであり，過熱水蒸気による健康調理訴求を行っている製品となっている。また，石窯オーブンと石窯オーブン　カロリエは，東芝の製品ブランドである。そして，石窯オーブン　カロリエのみが過熱水蒸気による健康調理訴求を行っている製品ブランドである。ヘルシーシェフは，日立の製品ブランドであり，過熱水蒸気調理による健康調理訴求を行っている製品である。石焼厨房は，三菱の製品ブランドであり，過熱水蒸気調理による健康調理訴求を行っている製品である。なお，前章の事例研究で示されていた2006年に三洋から発売されたデリスタというブランドの製品は，販売数量が少なく，2006年，2007年共に，販売台数の上位50位には含まれていない。

2. ヘドニック・アプローチ分析を用いた製品価値の定量化

　ヘドニック・アプローチ分析による測定を行っていく。ヘドニック・アプローチ分析を行う際に用いる式は，既に第3章で議論した（式3－1）である。

$$\ln p_{it} = \alpha + \sum_{j=1}^{n} \beta_j \ln x_{ijt} + \sum_{h=1}^{m} \gamma_h y_{iht} + \sum_{k=1}^{T} \sigma_k d_{ikt} + \mu_{it} \qquad (式3－1)$$

　（式3－1）は，製品の価格を被説明変数とし，製品の特性項目を説明変数とした分析式である。そして，本書で対象とするオーブンレンジの品質特性値には，オーブンの消費電力，グリルの消費電力，レンジの消費電力，庫内容量のように連続的な数値を取る品質特性（連続的品質特性値）と，庫内がフラットテーブルであるか否かという特性，2段調理が可能か否かという特性，健康調理の訴求が行われているか否かという特性，製品ブランドが有されているか否かという特性，本体色が赤色か否かという特性を示す非連続的な品質特性

(離散的品質特性値)がある。そのため,(式3－1)の右辺では,説明変数が,連続的な特性と非連続的な特性に分けて記載が行われている。具体的には,(式3－1)のx_{ijt}は,t期における第i財の第j番目の連続的な特性を示し,y_{iht}は,t期における第i財の第h番目の非連続的な特性を示す。また,d_{ikt}は年次ダミー,μ_{it}は誤差項を示し,β_j, γ_h, σ_kは,それぞれ連続的な特性,非連続的な特性,年次ダミーにかかるパラメータを示している。

2.1 推定結果:市場はどのように判断したのか

表5－1は,ヘドニック・アプローチ分析による推定結果となる。この推定結果は,2004年から2007年の12月のデータをプーリングして分析した通年次推定と,それぞれの年次と次年次の2年分を分析した隣接2年次推定という2種類の期間で分析している[4]。2種類の期間で分析することにより,長・短期に渡って製品の特性が価格に与える影響の分析が可能となる(伊藤,2008a,2008b)。なお,ヘドニック・アプローチ分析を行う際に用いたソフトは,PASW Statistics 18である。

表5－1は,製品の特性が価格に与える推定値を示したものである。通年次推定の結果をみると,価格に有意な特性としては,レンジの消費電力,庫内容量,2段調理,健康調理,製品ブランド(ヘルシオ,ヘルシオ Pro,スチームエレック,エレック,3つ星 ビストロ,石窯オーブン,石窯オーブン カロリエ,ヘルシーシェフ,石焼厨房),経過月数がある。

この中で,製品ブランドのエレックと経過月数が,負の推定値を示しており,製品ブランドとしてエレックが低い評価を市場から受けていることや,発売から月数が経過すると製品の価格は減少することがわかる。有意となった推定値の中で,この2つ以外の推定値は,正の推定値を示しており,レンジの消費電力,庫内容量が大きいほど価格は高くなり,2段調理が可能という製品特性があれば,製品の価格は高くなることを示している。

また,健康調理や製品ブランド(ヘルシオ,ヘルシオ Pro,スチームエレック,3つ星 ビストロ,石窯オーブン,石窯オーブン カロリエ,ヘルシーシェ

第 5 章　オーブンレンジ市場の製品価値の定量化

表 5－1　ヘドニック・アプローチ分析の推計結果

		通年次推定		2004－2005		隣接 2 年次推定 2005－2006		2006－2007	
		推定係数	標準誤差	推定係数	標準誤差	推定係数	標準誤差	推定係数	標準誤差
	定数	2.499	2.103	5.219	3.581	3.255	2.950	-0.012	2.118
機能	オーブンの消費電力 (LN)	0.360	0.339	-0.257	0.604	0.264	0.492	0.908	0.360 *
	グリルの消費電力 (LN)	-0.010	0.008	-0.016	0.014	-0.010	0.014	-0.006	0.010
	レンジの消費電力 (LN)	0.368	0.128 **	0.493	0.250	0.334	0.164 *	0.268	0.137
	庫内容量 (LN)	0.796	0.144 **	1.101	0.183 **	0.843	0.250 **	0.524	0.213 **
	フラットテーブル	0.117	0.067	0.010	0.102	0.104	0.083	0.217	0.061 **
	2段調理	0.228	0.047 **	0.158	0.072 *	0.209	0.077 **	0.256	0.058 **
意味	健康調理	0.139	0.054 *	0.264	0.088 **	0.178	0.073 *	0.127	0.062 *
	製品ブランド								
	ヘルシオ	0.682	0.105 **	0.637	0.130 **	0.684	0.126 **	0.604	0.122 **
	ヘルシオ Pro	0.726	0.106 **			0.837	0.072 **	0.730	0.121 **
	スチームエレック	0.326	0.063 **	0.364	0.076 **	0.413	0.082 **	0.215	0.033 **
	エレック	-0.092	0.039 *	-0.076	0.056	-0.059	0.072	-0.139	0.060 *
	3つ星ビストロ	0.406	0.059 **			0.372	0.077 **	0.386	0.060 **
	石窯オーブン	0.096	0.042 *	0.117	0.054 *	0.058	0.067	0.036	0.061
	石窯オーブン カロリエ	0.186	0.077 *			0.198	0.119	0.281	0.094 **
	ヘルシーシェフ	0.170	0.070 *	0.039	0.155	0.181	0.110	0.192	0.079 *
	石焼調理	0.692	0.130 **					0.689	0.139 **
	木本色 (赤色)	0.054	0.070	0.084	0.048	0.040	0.076	0.052	0.091
	2005年	-0.042	0.035	-0.046	0.034				
	2006年	-0.030	0.038			0.007	0.038		
	2007年	-0.042	0.035					-0.017	0.029
	経過月数 (LN)	-0.115	0.015 **	-0.130	0.024 **	-0.121	0.021 **	-0.100	0.016 **
	自由度調整済 R^2	0.932		0.905		0.930		0.960	
	サンプル数	197		97		100		100	

LN：自然対数化
有意水準：＊ 5％ ＊＊ 1％

フ，石焼厨房）に関しても，価格に正の影響を及ぼしている。そして，これらの製品ブランドの中で，大きな推定値を示しているのが，シャープのヘルシオとヘルシオ Pro，三菱の石焼厨房であり，それぞれ，0.682，0.726，0.692の値を示している。続いて，松下の3つ星　ビストロが0.406，スチームエレックが0.326，日立のヘルシーシェフが0.170，東芝の石窯オーブン　カロリエが0.186，石窯オーブンが0.096となっている。これから，オーブンレンジ市場において，健康調理の訴求をはじめて行ったシャープのヘルシオやヘルシオ Proという製品ブランドが，他の製品ブランドよりも大きな価値を有していることが見て取れる。また，後発であるが，三菱の石焼厨房という製品ブランドも，同様に高い値を示しており，後発においても，高い共有されていない製品価値の獲得は可能であることが示されている。次に，松下であるが，松下は健康調理の訴求を行っている製品のブランド名を2006年よりスチームエレックから3つ星　ビストロに変更している。推定値を比較すると，スチームエレックの推定値は0.326であるのに対し，3つ星　ビストロの推定値は0.406と高くなっている。つまり，松下の製品ブランドの変更の取り組みが，ある一定の成果を生み出したことがわかる。次に，本体色の赤色だが，事例分析の結果からは，ヘルシオが採用して大きな価値を創出したのではないかと考えていたが，この推定値は，有意となっておらず，価格に影響を必ずしも及ぼしているとは言えない。

　最後に，年次ダミーである，2005年，2006年，2007年は，いずれも有意な値となっていない。つまり，オーブンレンジ市場は価格変動が少ない市場であり，コモディティ化が生じていない市場であることが，これから改めて指摘できる。

　次に，隣接2年次推定の結果を見てみると，庫内容量や2段調理が可能という製品の特性は，通年次推定と同じように，2004－2005年，2005－2006年，2006－2007年のいずれの隣接2年次推定の結果でも，正の値で有意となっており，この2つの特性がオーブンレンジの価格に大きな影響力を有していることがわかる。健康調理の推定値も，2004－2005年，2005－2006年，2006－2007年のいずれの隣接2年次推定の結果でも，正の値で有意となっており，健康調理

という特性がオーブンレンジの価格に大きな影響力を有していることがわかる。また、シャープのヘルシオ、ヘルシオ Pro と松下のスチームエレック、3つ星　ビストロという製品ブランドも、2004－2005年、2005－2006年、2006－2007年のいずれの隣接2年次推定結果でも、正の値で有意となっており、オーブンレンジの製品価値に大きな影響力を有していると言える。これに対し、東芝の石窯オーブン　カロリエと日立のヘルシーシェフは、共に、2006－2007年の推定値のみ有意な値となっており、製品ブランドとして価格への影響力は弱い。

　また、年次ダミーは、通年次推定の結果と同じように、2005年、2006年、2007年のいずれも有意な値とはなっていない。つまり、オーブンレンジ市場は価格変動が少ない市場であり、コモディティ化が生じていない市場であることが見て取れる。経過月数は、通年次推定と同じように、全ての隣接2年次推定において負の値となっており、発売してから月数が経過すると、いずれの年においても、オーブンレンジの価格は減少することを示している。ただ、その推定値は、2004－2005年、2005－2006年、2006－2007年となるにつれ、－0.130、－0.121、－0.100と変化しており、市場の価格下落が、年々、オーブンレンジの市場では減少していることが読み取れる。

2.2　定量化のまとめ

　前節では、ヘドニック・アプローチ分析を活用した製品価値の定量化の推定結果を示した。その結果、オーブンレンジ市場に新たに誕生した健康調理は、通年次推定、いずれの隣接2年次推定ともに、有意な推定値となっており、それが市場から価値があるものとして認められていることが明らかとなった。また、併せて、その健康調理を訴求した競合企業の製品ブランドも評価されており、市場から大きな価値を得ることに成功していることが明らかとなった。

　また、年次ダミーの推定係数は、通年次推定結果と隣接2年次推定のいずれの年においても、有意な推定値とはなっておらず、近年、コモディティ化が進展する電気産業では珍しくオーブンレンジ市場がコモディティ化に巻き込まれ

ていないことも改めて示された。

3. 確率的フロンティア分析を用いた製品価値の定量化

次に，確率的フロンティア分析による測定を行っていく。確率的フロンティア分析を行う際に，用いる式は，既に第3章で議論した（式3−4）である。

$$p = \beta + pn + ps + v \qquad (式3-4)$$

（式3−4）における，p は製品価値，pn は共有されていない製品価値，ps は共有された製品価値，v は統計的なノイズを表す統計的誤差項，β は定数項を示している。pn の分布は非負の半正規分布に従うと仮定され，v は正負のどちらも取り得る正規分布に従うと仮定されている。なお，本書における機能的な特性は，ヘドニック・アプローチ分析を行った際と同じように，オーブンの消費電力，グリルの消費電力，レンジの消費電力，庫内容量，フラットテーブルであるか否かという特性，2段調理が可能か否かという特性とし，これらに，発売からの経過月数，年次ダミーを加えて，確率的フロンティア分析を行った。

そして，その際，オーブンの消費電力，グリルの消費電力，レンジの消費電力，庫内容量のように連続的な数値を取る品質特性（連続的品質特性値）は自然対数化し，庫内がフラットテーブルであるか否かという特性，2段調理が可能か否かという特性を示す非連続的な品質特性（離散的品質特性値）はダミー変数（特性有り：1，無し：0）とし，推定は2004年から2007年の12月のデータをプーリングして分析した通年次推定とした。なお，確率的フロンティア分析を行う際に用いたソフトはSTATA 11である。

3.1 推定結果

確率的フロンティア分析による推定結果は，**表5−2**となる。

表5-2 確率的フロンティア分析による推定結果

	通年推定	
	推定係数	標準誤差
定数	1.721	1.816
オーブンの消費電力（LN）	0.346	0.263
グリルの消費電力（LN）	−0.010	0.011
レンジの消費電力（LN）	0.351	0.189
庫内容量（LN）	1.044	0.167**
フラットテーブル	0.130	0.072
2段調理	0.245	0.053**
2005年	−0.054	0.047
2006年	0.027	0.044
2007年	0.090	0.045
経過月数（LN）	−0.140	0.017**
σ_{pn}	0.442	0.035
σ_v	0.081	0.027
対数尤度	−10.651	
サンプル数	197	

LN：自然対数化
有意水準：*5% **1%
σ_{pn} は共有されてない製品価値の分散
σ_v は統計的誤差項の分散

3.1.1 2004年のオーブンレンジ市場

　表5-2を用いて，2004年のオーブンレンジ市場の共有されていない製品価値を算出し，製品価格と併せて示したのが，**図5-1**となる。縦軸に製品価格を，横軸に算出した共有されていない製品価値を示している。

　なお，製品価格は健康調理の訴求をはじめて行った2004年発売のヘルシオ（機種名：AX-HC1）を基準とするため1としている。円の大きさは，売上金額の大きさ，色が黒色の円は，健康調理の訴求を行っているスチームオーブン，色が薄い灰色の円は，健康調理の訴求を行っていない従来のオーブンレンジを示している。

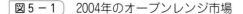

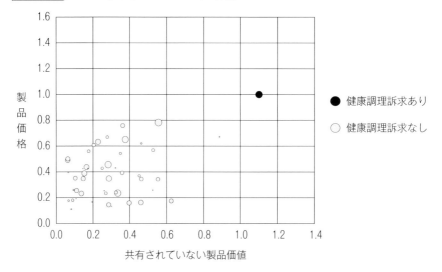

図5-1を見ると,黒色の円が1つだけあるのがわかる。この製品が,シャープのヘルシオ(機種名:AX-HC1)である。製品価格は基準点とした1.00,共有されていない製品価値は1.10と他製品に比べ高い値となっている。これは,ヘドニック・アプローチ分析による分析結果と一致する。

3.1.2　2005年のオーブンレンジ市場

2005年のオーブンレンジ市場の共有されていない製品価値の定量化と製品価格とを併せて示したのが**図5-2**である。

2005年には,松下,東芝,日立が,シャープと同じように,「脱油」「減塩」といった健康調理の訴求を行ったスチームオーブンを発売したことにより,販売台数の上位50位に含まれる機種数は,前年の1機種から,7機種に増加している。

図5-2の中で,製品価格が1.00を示し,共有されていない製品価値が1.16と高い製品が,シャープから2005年に発売されたヘルシオ(機種名:AX-HC2)である。また,製品価格が0.82で,共有されていない製品価値が1.23に

第5章 オーブンレンジ市場の製品価値の定量化

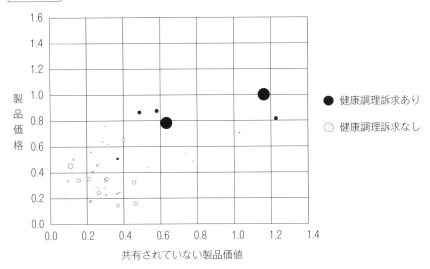

図5-2 2005年のオーブンレンジ市場

ある製品が，シャープが2005年に新たに発売した庫内容量が20Lの小型タイプのヘルシオ（機種名：AX-HT2）である。この2つのヘルシオは，ともに高い共有されていない製品価値を示した製品となっている。そして，26Lタイプのヘルシオは，昨年よりも大きく売上高を伸ばすことに成功している。これに対し，小型タイプのヘルシオ（機種名：AX-HT2）は，庫内サイズ26Lのヘルシオ（機種名：AX-HC2）に比べ，売上金額が小さく，経営としての貢献度は小さいと言える。

松下からは，2005年にはスチームオーブンが2機種発売されている。製品ブランド名は，2004年と同じスチームエレックである。松下には，2004年には健康調理の訴求を行った製品がなかったが，シャープのヘルシオの成功を見て，健康調理の訴求を行った製品を新たに市場投入している。この2機種は，1つが製品価格が0.78，共有されていない製品価値が0.63の位置にある庫内容量が30Lの製品（機種名：NE-SS30）と，もう1つが，製品価格が0.70，共有されていない製品価値が1.03の位置にある庫内容量が23Lの製品（機種名：NE-SS23）である。庫内サイズが30Lの製品（機種名：NE-SS30）の売上金額は

大きく，新たに健康調理の訴求を行った製品の市場への投入が功を奏した形となっている。ただ，シャープのヘルシオに比べては，松下のスチームエレックの2機種は，共有されていない製品価値は低いものとなっている。この結果は，ヘドニック・アプローチ分析で行った分析結果とも一致している。

東芝からも，2005年にはスチームオーブンが1機種（機種名：ER-C300）発売されている。製品価格が0.87，共有されていない製品価値が0.49の製品である。この製品は，売上金額も小さく，共有されていない製品価値もシャープのヘルシオや松下のスチームエレックよりも小さな値となっている。

日立からも，2005年にはスチームオーブンが2機種（機種名：MRO-AX10/MRO-AS8）発売されている。新たにヘルシーシェフという製品ブランドがつけられた製品である。同じ2005年に健康調理の訴求を行った製品を発売した東芝が1機種であったのに対し，日立は2機種であり，スチームオーブンに対する積極的な姿勢が感じられる。また，機種数以外にも，日立が選択した参入の特徴として，東芝とほぼ同じ価格帯の0.88（共有されていない製品価値は0.58）の製品（機種名：MRO-AX10）を市場投入すると同時に低い価格帯の0.51（共有されていない製品価値は0.37）の製品（機種名：MRO-AS8）も同時に発売している点がある。競合各社が，製品価格の高い製品を作り出し，市場での優位性を築こうとしている中，低い製品価格によって市場に参入することにより，優位性を得ようとする日立の試みが見て取れる。実際，日立は，2005年以降も，この動きを続けていくことになる。

3.1.3　2006年のオーブンレンジ市場

2006年のオーブンレンジ市場の共有されていない製品価値を算出し，製品価格と併せて示したのが**図5－3**である。

2006年には三洋からも，スチームオーブンが発売される[5]。製品ブランドは，デリスタである。これで，スチームオーブンを発売した企業は，シャープ，松下，東芝，日立，三洋の5社となる。ただ，三洋から2006年に発売された製品は，販売台数上位50位には入ることはできていないため，図5－3には含まれ

第 5 章 オーブンレンジ市場の製品価値の定量化　107

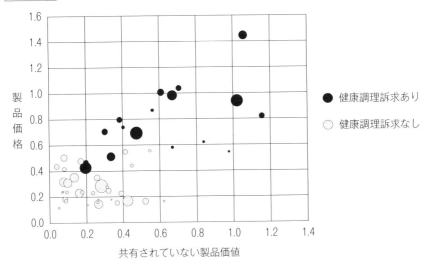

図 5 - 3　2006年のオーブンレンジ市場

ていない。

　シャープからは，2006年には 2 機種のヘルシオと新たにヘルシオ Pro という製品ブランドの製品が 1 機種加えられた 3 機種が発売されている。製品価格が0.94で共有されていない製品価値が1.02の製品（機種名：AX-HC3）と，製品価格が0.82で共有されていない製品価値が1.15の製品（機種名：AX-HT3）の 2 機種がヘルシオである。2 機種の庫内容量は，前衛機種（機種名：AX-HC2/AX-HT2）と同じ26L と20L の製品である。この 2 機種に加え，2006年には，新たにヘルシオ Pro という製品ブランドの製品（機種名：AX-1000）が，発売されている。この製品は製品価格が1.45と高く，共有されていない製品価値も1.06と高い値となっている。

　松下からは，2006年には，3 機種のスチームオーブンが，販売台数の上位50位に入っている。この製品は，新たな製品ブランドである 3 つ星　ビストロ（機種名：NE-SV30HA/NE-ST30HA/NE-ST23A）である。その内，2 つの製品は，庫内サイズが大型の30L の製品（機種名：NE-SV30HA/NE-ST-

30HA）であり，それぞれ，製品価格が0.98，共有されていない製品価値が0.67，製品価格が0.87，共有されていない製品価値が0.56の製品となる。残る１つの製品は，庫内容量が23Lの小型の製品（機種名：NE-ST23A）であり，製品価格が0.58で，共有されていない製品価値が0.67の製品である。共有されていない製品価値は，3機種とも0.5以上と大きな製品となっている。

　東芝からは，3機種のスチームオーブンが，販売台数の上位50位に入っている。そして，そのうちの1機種は，前年の2005年に発売された製品であり，2006年に発売された製品が，2機種（機種名：ER-D350/ER-D300）となっている。製品価格が1.01，共有されていない製品価値が0.61と高い製品（機種名：ER-D350）と，製品価格が0.80，共有されていない製品価値が0.38と低い製品（機種名：ER-D300）となる。この2機種はともに，共有されていない製品価値は，シャープのヘルシオや松下の3つ星　ビストロの値よりは小さな製品となっているが，投資面で言えば，2機種とも庫内容量が33Lの機種であり，ベースとしているシャーシは同じである。これは，投資効率を高めることを狙っており，東芝が，前年と同じように，スチームオーブンに対して慎重な姿勢を崩していないことが見て取れる。

　日立からは，3機種のスチームオーブンが，販売台数の上位50位に含まれている。製品価格が1.04で，共有されていない製品価値が0.71の製品（機種名：MRO-BV100）と製品価格が0.70で，共有されていない製品価値が0.30の製品（機種名：MRO-BX10）と製品価格が0.51で，共有されていない製品価値が0.34の製品（機種名：MRO-BS8）である。つまり，昨年に加え，新たに，価格の高い製品（機種名：MRO-BV100）をラインナップに加えてきたこととなる。ここでも，スチームオーブンに対して，積極的な日立の姿勢が見て取れる。

3.1.4　2007年のオーブンレンジ市場

　2007年のオーブンレンジ市場の共有されていない製品価値の定量化をし，製品価格と併せて示したのが**図5－4**である。

　2007年には，三菱からも石焼厨房という製品ブランドのスチームオーブンが

第5章　オーブンレンジ市場の製品価値の定量化　109

発売される。この三菱の参入で，シャープ，松下，東芝，日立，三洋，三菱の6社がスチームオーブンを発売したこととなる。ただし，三洋のデリスタは，前年同様，販売台数の上位50位には含まれておらず，2007年の図5－4にも含まれていない。

　シャープの2007年の販売台数の上位50位に含まれているスチームオーブンの機種数は，6機種である。ただ，実際に2007年に発売された健康調理の訴求を行った製品は，ヘルシオの2機種，ヘルシオ Pro の1機種の合計3機種であり，残りの3機種は，昨年のモデルとなっている。昨年と同じく，製品価格が1.44，共有されていない製品価値が0.98と市場の中で際立って高く，円の大きさが大きい方の製品（機種名：AX-2000）がヘルシオ Pro であり，売上金額を前衛機種の製品（機種名：AX-1000）よりも増加させることに成功しており，経営上の大きなインパクトを与えている。製品価格が0.99，共有されていない製品価値が1.00の製品（機種名：AX-HC4）と製品価格が0.90，共有されていない製品価値が1.18の製品（機種名：AX-HT4）がヘルシオとなる。このヘルシオの2機種も高い共有されていない製品価値を有した製品であり，2007年にお

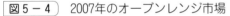

図5－4　2007年のオーブンレンジ市場

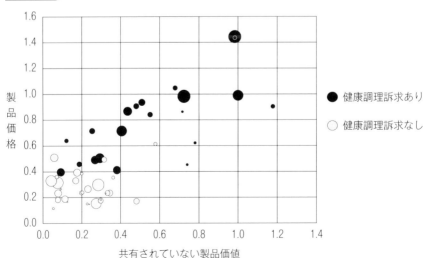

いても，ヘルシオ，ヘルシオ Pro の 3 機種が最も市場において高い共有されていない製品価値を示した製品となっている。

　松下の2007年に販売台数の上位50位に含まれているスチームオーブンの機種数は，3機種である。製品価格が0.98，共有されていない製品価値が0.72の製品（機種名：NE-W300），製品価格が0.84，共有されていない製品価値が0.55の製品（機種名：NE-V300），製品価格が0.71，共有されていない製品価値が0.41の製品（機種名：NE-A300）である。特に，製品価格が0.98の製品（機種名：NE-W300）は，2007年のスチームオーブンの中では最も大きな売上高となっている。ただ，共有されていない製品価値としては，シャープのヘルシオ Pro やヘルシオよりも小さい結果となっている。

　東芝の2007年の販売台数の上位50位に含まれているスチームオーブンの機種数は，3機種である。それらは，製品価格が0.91，共有されていない製品価値が0.48の製品（機種名：ER-E350），製品価格が0.87，共有されていない製品価値が0.44の製品（機種名：ER-E300），製品価格が0.49，共有されていない製品価値が0.27の製品（機種名：ER-E8）である。

　日立の2007年の販売台数の上位50位に含まれているスチームオーブンは，5機種である。そして，この5機種全てが2007年に発売された製品となり，日立が2007年は最も多くのスチームオーブンを発売させたこととなる。この5機種は，製品価格が0.94，共有されていない製品価値が0.51の製品（機種名：MRO-CV200），製品価格が0.71，共有されていない製品価値が0.25の製品（機種名：MRO-CV100），製品価格が0.64，共有されていない製品価値が0.12の製品（機種名：MRO-CX10），製品価格が0.50，共有されていない製品価値が0.29の製品（機種名：MRO-CS8），製品価格が0.41，共有されていない製品価値が0.38の製品（機種名：MRO-CS7）である。日立は，2007年には低い製品価格の製品数を増加させることにより，売上金額を増加させようとしている。

　三菱からは，2007年には，2機種のスチームオーブンが，販売台数の上位50位に含まれており，製品価格が1.44，共有されていない製品価値が0.98の製品（機種名：RO-EV100）と，製品価格が1.05，共有されていない製品価値が0.68

の製品(機種名：RO-EV10)である。この2製品は，石焼厨房という製品ブランドの製品であり，共に高い共有されていない製品価値を有した製品である。この製品の特長は，健康調理訴求に加え，製品の庫内に板状の石が張り付けられており，その石が熱せられることにより，窯のようにピザなどを上手に焼ける点があり，この点が顧客に評価され，高い共有されていない製品価値を得ることに成功していると考えられる。

3．2　2004年から2007年までのオーブンレンジ市場

　ここまでは，確率的フロンティア分析を活用して，オーブンレンジ市場の共有されていない製品価値の定量化の推定結果を図5－1，図5－2，図5－3，図5－4に示した。これらの結果から，明らかとなったのは2点である。

　1点目は，健康調理を訴求した製品が，オーブンレンジ市場において，年々，増加していった点である。2004年には，シャープのヘルシオの1機種のみであったのが，2007年には約4割の製品を占める21機種まで拡大していた。

　2点目は，健康調理訴求がされた製品は，健康調理訴求がされていない製品に比べて，共有されていない製品価値，製品価格ともに，総じて高い位置にあることが明らかになった点である。つまり，ヘルシオが創出した健康調理が市場において価値となり，それを模倣した企業の製品にも，その価値は拡がっていったことが明らかとなった。

　本書では，確率的フロンティア分析を用いることにより，製品価値から共有された製品価値の残差を算出し，さらに，その残差から，統計的誤差を分離することにより，共有されていない製品価値の定量化を実現した。この点は，先行研究では行われていないことであり，本書の貢献の1つとなる。

4．製品価値の定量化によって明らかとなったこと

　本章では，ヘドニック・アプローチ分析と確率的フロンティア分析という2

つの手法によって，オーブンレンジ市場の共有されていない製品価値の定量化を行った。

　ヘドニック・アプローチ分析の結果から，オーブンレンジ市場においては，新たに健康調理という共有されていない製品価値が誕生していることが明らかとなった。さらに，健康調理を訴求した製品のブランドも高い共有されていない製品価値を有していることがわかった。

　確率的フロンティア分析の結果からは，年々，健康調理という共有されていない製品価値を有した製品が増加していく様子や，その価値が競合企業の製品へと拡がっていき，市場の再活性化が行われ，市場の平均単価が上昇していく様子が明らかとなった。次章では，本章と前章で行った経験的研究の結果について，先行研究を踏まえながら考察を行っていく。

注

1　消費電力とは，単位時間においてオーブンレンジが消費する電力量（W）であり，そのオーブンレンジの出力（W）を示している。年間消費電力量のことではない。
2　VIF値が10以上を示した。
3　この点は，本書の今後の課題となる。
4　本書において，年毎に推定を行う単年次推定を利用しなかった理由は，2004年において，ヘルシオブランドを有している製品や健康訴求を行っている製品，本体カラーが赤色の製品がシャープから発売された機種名 AX-HC1のヘルシオ1機種しかなく，2006年，2007年においても，ヘルシオProという製品ブランドを有している製品は，それぞれ，機種名 AX-1000と AX-2000の1機種のみであり，重回帰分析を行うことが不可能であったためである。
5　三洋電機株式会社　2006年度電子レンジ製品カタログより

第6章 価値づくりと競合企業による共創メカニズム：経験的研究についての考察

1．4つの考察

　前章，前々章では，オーブンレンジ市場に対し経験的研究を行ってきた。本章では，第3章で設定した4つの研究課題に対し経験的研究から明らかとなった点について考察を行う。

2．組織内でどのように正当化されていくのか：考察①

　本書における研究課題の1つ目は，共有されていない製品価値となるような新たな製品特性が組織内でどのように正当化されていくのかを明らかにすることであった。一般的に，競合や製品評価の基準についての不確実性や多義性が高い新奇な製品ほど成功させることは困難である。これを成功させるために，企業は，変化する市場を理解し，それに適応する複雑なマネジメントを行う必要がある（延岡，2006a, 2006b, 2008, 2010, 2011；楠木，2006, 2010；楠木・阿久津，2006）。つまり，ヘルシオのような新たな価値の創出を目指した製品の開発は，一般的に困難となる。なぜなら，既存の製品の延長線上にある製品開発では，競合が定まっていたり，製品評価の基準が定まっているため，競合の製品を参照点とし，製品評価の基準にそって製品を改良することができる。しかし，新たな製品カテゴリを形成するような新たな価値を有した製品の場合，製品評価の基準も定まっておらず，市場の情報を利用することもできない

（Abernathy et al., 1983）。さらに，企業は，構造や制度（DiMaggio and Powell, 1983），自らが作り出したパラダイム（加護野，1988），技術軌道（Dosi, 1982）に縛られている。つまり，ヘルシオのような新たなスチームオーブンというサブカテゴリを形成するような新製品の開発は，一般的に正当性の獲得が困難となる。

　ヘルシオの開発においては，開発のリーダーであった井上氏が積極的な正当性の獲得に向けた活動を行い，その結果として，組織内の権力者の後押しを得ることに成功している。まず，井上氏は，「脱油」「減塩」「ビタミンＣ保存」という新たに発見された健康効果の定量的なデータを日本最大手の日本食品分析センターという外部機関に依頼して取得し，それを組織内の正当化の１つの材料として活用している。また，健康調理というのは，井上氏が所属していた電化システム事業本部の当時の組織の統一スローガンであった「健康と環境」に合致しており，この点も，社内で正当化されることに大きな役割を果たしている。

　さらに，井上氏はヘルシオの開発において，社内における最高権力者の相談役である辻氏や社長の町田氏の高い評価も得ることに成功している。実際に，井上氏も，「ヘルシオをトップが気にいってくれて，後押ししてくれたのは大きかった。後ろ盾として，相談役と社長の二人がいたら，全然違う。」[1]と述べている。

　また，併せて，井上氏の過去の白物家電の基盤技術研究を30年間行ってきた経験の蓄積や，「緊急プロジェクト」にも２回選抜されたことがあるという実績，さらには，度重なる事業部への説得を行う熱意も大きな役割を果たしていると考えられる。

　そして，このヘルシオの事例では，企業の風土も，この正当化の実現に大きな役割を果たしていると考えられる。井上氏は，「他社の商品をまねるようなことはこれっぽちも思わなかった。シャープの商品開発は，基本的にナンバーワンではなく，オンリーワン戦略。それを支えるものづくりのDNAがシャープにはあり，『他社に真似される商品を作れ』という創業者の考えです。」[2]と

述べている。

3. どのように市場において正当化され価値となるのか：考察②

　本書における研究課題の2つ目は，新たな製品特性がどのように市場において正当化され，価値となっていくのかを明らかにすることであった。一般的に，イノベーションの新奇性が高いほど，それに対する社会的抵抗の度合いも高まり，より広い範囲でのより強い説得が必要となる（原，2004；宮尾，2010）。ヘルシオの健康調理も，従来のオーブンレンジ市場には存在せず，新奇性が高いものであったと考えられる。一般的にいえば，新奇性が高いものは，社会的抵抗の度合いが高いことが予想される。しかし，ヘルシオの市場導入では，社会的抵抗を受けずに，その健康調理が受け入れられていることが，ヘルシオのヒットや多くの賞の受賞によって示されている。

　この理由として考えられるのが，ヘルシオの健康調理が，社会に受け入れられやすいコンセプトであった点があげられる。健康になりたいということは，多くの人々にとって共通の望みであろう。つまり，その社会的な抵抗を極力，少ないような形で製品の市場導入が行われているのがヘルシオなのである。

　また，ヘルシオは，「脱油」「減塩」「ビタミンC保存」という3つの健康効果について，第三者機関である日本食品分析センターに実証を依頼しており，製品カタログ等にも，その実証データの記載がされている。さらに，記者発表時には，共同研究していた大阪府立大学の教授により，ヘルシオの「脱油」「減塩」「ビタミンC保存」効果が生じるメカニズムの説明がなされており，組織の外部の権威を活用することも積極的に行われている。これは，新奇性の高い製品の場合，その製品のメリットに対し疑念がもたれることは珍しいことではないため（原，2004），社会への説得の媒体として，外部機関の実験データや外部の権威を活用していると考えられる。

また，広報活動においても，そのヘルシオの健康調理を伝えるために，ヘルシオの庫内で調理された鶏肉から脂分が落ちる映像を，記者発表でテレビ局等へ提供するなど，視覚的な点に重きを置いた製品訴求が行われている。つまり，ヘルシオの事例から示される正当性を得るための行動としては，健康調理のように多くの顧客が望んでいるニーズを見つけ，そのニーズをその製品が満たすことができる事実を示すために，日本食品分析センターや大阪府立大学のような権威のある第三者機関に立証してもらい，その効果を目で見える形で市場へ訴えることが必要となる。

　さらに，本書で正当性を得る上で，もう1つ大切な点として考えられるのが，ヘルシオでは，その健康調理というコンセプトに関係するように，「水で焼く」というキャッチフレーズ，赤色の製品カラー，ヘルシオという製品名という従来のオーブンレンジには存在しなかった製品特性が相互に関連づけされながら，製品カタログやPOP，チラシにおいて，訴求されている点である。つまり，健康調理という多義性の高い新たな価値を顧客に伝えるために，従来のオーブンレンジには存在しなかった多くの製品特性を多くの部門の協力を得ることにより，相互に関係のある形で関連させることにより，そのいろいろな特性から顧客に，最も伝えたい健康調理というコンセプトに気付いてもらえるような仕掛けがなされているのである。

　井上氏も「各部門がこれほどこだわりを持って関わった商品は過去にはありませんでした。それは，どの部門もこのよさに共感してくれたからです。関係した人間たちが共感した商品は，市場に出た時，ユーザーも同じように共感してくれる。共感の連鎖。ヘルシオの開発で私が得た最大の発見でした。」[3]と述べており，各部門が協力し，幾重にも関連したかたちで製品特性を重ねる製品開発を行うことの重要性を指摘している。つまり，ヘルシオの開発から指摘できることは，解釈の幅が狭まった機能と異なり，多義性が高い価値を市場に受け入れてもらうためには，製品特性を関連したかたちで複数重ね，できるだけ多くの顧客にその製品の核心として企業が創出した価値を顧客に気づいてもらえるような工夫が必要となる点である。

第6章　価値づくりと競合企業による共創メカニズム：経験的研究についての考察

4．製品価値が競争によってどのように変化していくのか：考察③

　本書における研究課題の3点目は，市場において評価され，創出された共有されていない製品価値が競争によって，どのように変化していくのかを明らかにすることであった。共有されていない製品価値を市場全体に拡大させようとすると，競合企業との競争による共創が必要となる。なぜなら，企業は，過去から顧客への直接的，または間接的な働きかけを通して，企業間競争の場を，市場における価値実現の場へと転換させてきたからである（Brandenburger and Nalebuff, 1996；Porter, 1980；石原, 1982, 1996a, 1996b, 1999；石井・石原, 1996）。Brandenburger and Nalebuff（1996）は，競争の本質が，競争と協調の相互作用であると主張している。企業は，市場のパイを拡大させるためにある側面において協調するとともに，別の側面では拡大されたパイを確保するために競争を行うと指摘している（Brandenburger and Nalebuff, 1996）。

　本書で分析したオーブンレンジ市場においても，企業間競争が健康調理という新たな共有されていない製品価値を市場に拡大していく上で大きな役割を果たしている。その健康調理を巡る企業間競争の発端となったのは，2004年に発売されたシャープのヘルシオであった。ヘルシオは，「脱油」「減塩」「ビタミンC保存」という健康調理をオーブンレンジ市場にもたらした。そして，そのヘルシオが新たにもたらした健康調理を松下，日立，東芝，三洋，三菱という競合企業が，訴求点，製品デザイン，タイミングにおいてそれぞれの独自色を出しながらも，大筋では健康調理という新たな価値を軸としながら，競争を行っていた。

　結果として，本書において確率的フロンティア分析によって示したように，2007年には，オーブンレンジ市場の約4割が，スチームオーブンとなるまで健康調理が拡大し，それに伴い，製品価格の高い製品の売上高が拡大していった。競争相手は，石原（1982, 1996a, 1996b, 1999）や Brandenburger and Nalebuff（1996）が指摘したように，ただ単なる競争相手だけでなく，価値を共に創造すべき共創相手ともなるのである。

　また，当初，共有されていない製品価値は，理論的には企業間競争による喪失の可能性が少ない価値であると同時に，企業間競争による共創も困難な価値であると，本書では考えていた。しかし，オーブンレンジ市場の事例研究をみると，競合企業も健康調理の訴求を拡大させており，この結果をみると，必ずしも，共有されていない製品価値は競争によって，共創されにくいものではないことがわかる。つまり，共有されていない製品価値は，企業間競争による共創も可能である点を本書では示しており，この点は本書の1つの発見事項となる。

5．脱コモディティ化のメカニズムとはどのようなものか：考察④

　本書における研究課題の4点目は，共有されていない製品価値という概念を用いて，脱コモディティ化のメカニズムがどのようなものであるのかについて明らかにすることであった。本書の主題であるコモディティ化を生じさせる主要因として考えられていたのは，Christensen and Raynor（2003）が指摘したオーバーシュートであった。オーバーシュートとは，製品の機能が過剰に供給され，顧客の求める水準を超えてしまう現象である（Christensen and Raynor, 2003）。

　そして，このオーバーシュートが発生する背景にあるのは，その製品が有する機能が既に顧客や企業にとって共有化され，解釈の幅が狭まっているものになっている点があった。製品が有する機能に対する解釈の幅が狭まれば，その機能の値や有無によって，製品の価値の増減が，比較的，容易に推測されることになる。その結果，企業は具体的な機能の数値や搭載を目標に置き，製品開発を行うことがしやすくなる。そして，多くの競合企業がその機能を巡り，激

しく競争を行う結果，製品の機能は素早く高まり，オーバーシュートが生じる。そして，このオーバーシュートが発生すると，これ以上の機能の向上は，顧客にとっては意味をなさなくなり，企業間の差別化が困難となり，コモディティ化が生じるのである。

Christensen and Raynor（2003）が指摘したこのオーバーシュートという概念は，製品の機能に焦点をあて構築された概念である。これに対し，本書では，製品の機能ではない共有されていない製品価値に焦点をあてた研究を行った。この理由は，この価値は顧客の深層的な好みや，顧客が置かれている特別な状況（コンテクスト）から創出される価値であり，多くの顧客にとって解釈の幅が狭まり，普遍的な価値を有する製品の機能とは異なり，多義性が高く，競合企業がそれを模倣することは困難であり，長期間において，オーバーシュートが発生しないのではないかと考えられているためであった（延岡，2008）。

そして，具体的な研究対象としては，コモディティ化が進展する電機産業の中では珍しく，市場の平均単価が上昇しているオーブンレンジ市場を選択し，研究を行ってきた。その結果，明らかとなったのは，脱コモディティ化のメカニズムは以下の3段階を経て，行われるということであった。

第1段階では，人々の積極的な活動により生み出された新たな価値の種を，外部機関や組織内権力者の力を活用しながら，その組織の中で正当化する行為が行われる。これは，シャープのヘルシオの開発においては，井上氏らが行った行為であり，井上氏らは，「脱油」「減塩」「ビタミンC保存」という新たに発見された効果の定量的な分析データを日本食品分析センターという外部機関に依頼して取得し，その正当化の1つの材料としていた。そして，そのデータをもとに，健康調理というコンセプトにたどりついた。さらに，井上氏らはヘルシオの開発において，社内における最高権力者の相談役である辻氏や社長の町田氏に対して，ヘルシオで調理した料理を食べてもらい，その健康効果とおいしさを実感してもらい，高い評価を得ることに成功している。つまり，井上氏はリーダーとして，自ら生み出した健康調理というコンセプトを組織内で正当化してもらうために，積極的な働きかけを行い，それがヘルシオの製品開発

において，大きな役割を果たしているのである。

　第2段階では，そのコンセプトが市場においても大きな価値があると認めてもらうため，そのコンセプトを社会にとって抵抗の少ないものへと変換する努力が行われている。さらに，そのコンセプトに対して顧客に関心をもってもらう確率を向上させるために，そのコンセプトを中心に他の複数の製品特性も一貫性をもって重ねる製品開発が行われている。具体的に，ヘルシオの開発では，多くの関連部門が協力することにより，健康調理というコンセプトに関連する多くの製品特性が付与されている。その付与された製品特性とは，「水で焼く」というキャッチフレーズ，赤色の製品カラー，過熱水蒸気という技術名，ヘルシオという製品名という従来のオーブンレンジには存在しなかった製品特性である。つまり，従来のオーブンレンジの顧客によって，多義性が高い新たな製品特性を一貫性をもって重ねることにより，顧客に1つの束として伝えようとする製品開発が，ヘルシオの開発では行われていたのである。

　第3段階では，新たに創出された製品価値を軸とした競争が行われ，その競争過程において，企業と顧客の間でその価値についての学習が進み，その価値は市場全体へと拡大していた。また，本書で行ったヘドニック・アプローチ分析と確率的フロンティア分析の結果から明らかになったように，競合企業による模倣が行われた後も，健康調理という製品価値は，コモディティ化に巻き込まれていなかった。つまり，本書で議論してきた健康調理という製品価値は，高い価値を市場に生み出しただけでなく，同時に，すぐにコモディティ化に巻き込まれない深い価値をも市場にもたらしたと言える。

注
1　2006年6月12日に井上隆氏へ行ったインタビューより
2　2006年6月12日に井上隆氏へ行ったインタビューより
3　「成功の本質　第23回　シャープ　ヘルシオ」『Works』2005年12月–2006年1月号

第7章 脱コモディティ化の論理

1. 本研究の鍵概念と研究方法

　前章では経験的研究に対する考察を行った。本章では，本書の結論とインプリケーションを提示する。

　先行研究のレビューをもとに作り出した本書の枠組みを再提示するとともに，それに基づいたオーブンレンジ市場における事例研究およびヘドニック・アプローチ分析と確率的フロンティア分析の結果を簡単に示した上で，その考察から得た結論を述べる。さらに，学術的，実践的インプリケーションを提示した上で，最後に本書の今後の課題を示す。

　本書の研究目的は，共有されていない製品価値がどのように脱コモディティ化実現に寄与するのかを明らかにし，それを製品開発に生かすための具体的方策を探ることであった。

1.1　脱コモディティ化を実現する鍵概念の模索

　本書では，まず，製品のコモディティ化に関係する先行研究のレビューを行った。その結果，近年，生じているコモディティ化の要因として，オーバーシュートが大きな要因となっている可能性を指摘した。

　オーバーシュートとは，製品の機能が過剰に供給され，顧客の求める水準を超えてしまう現象のことである（Christensen and Raynor, 2003）。そして，このオーバーシュートが発生する背景には，その製品が有する機能が既に顧客や企業にとって共有化され，解釈の幅が狭まっているものになっている点があっ

た。製品が有する機能に対する解釈の幅が狭まれば，その機能の値や有無によって，製品の価値の増減が，比較的，容易に推測されることになる。その結果，企業は具体的な機能の数値や搭載を目標に置き，製品開発を行うことがしやすくなる。そして，多くの競合企業がその機能を巡り，激しく競争を行う結果，製品の機能は素早く高まり，オーバーシュートが生じるのであった。そして，このオーバーシュートが発生すると，これ以上の機能の向上は，顧客にとっては意味をなさなくなり，企業間の差別化が困難となり，コモディティ化が生じるのである。

次に，本書では，脱コモディティ化を実現する鍵概念を模索するために製品価値について文献展望を行った。さらに，本書では，概念整理を加えた上で，新たに本書の鍵概念である共有されていない製品価値という概念を提示し，研究を行った。

1.2 研究方法の検討

次に本書では，研究方法について検討を行った。本書における研究対象は，オーブンレンジ市場とした。研究対象として，オーブンレンジ市場を選択した理由は，この市場が，価格競争が激化している近年の電機産業では珍しく，2004年以降，平均単価が徐々に上昇している市場のためであった。また，共有されていない製品価値の状態を測定するための定量的な方法としては，ヘドニック・アプローチ分析と確率的フロンティア分析という手法を採用することとし，その方法論的検討を行った。

1.3 オーブンレンジ市場の分析

本書の事例研究では，オーブンレンジ市場の平均単価が上昇する発端となったヘルシオの開発プロセスから，その後の市場での競合企業の製品との競争のダイナミズムも含めて，さまざまな資料をもとに再構成を図った。その結果，明らかとなったのは，2004年のヘルシオの発売によってオーブンレンジ市場に新たに誕生した健康調理という価値が，市場で価値として認められ，市場全体

に拡大していくプロセスであった。

さらに，本書では，ヘルシオが発売された2004年から2007年のオーブンレンジ市場の共有されていない製品価値をヘドニック・アプローチ分析と確率的フロンティア分析を使って定量化を図った。ヘドニック・アプローチ分析の推定結果から明らかになったことは，健康調理やヘルシオ，3つ星　ビストロという製品ブランドが，大きな共有されていない製品価値を有している点であった。また，確率的フロンティア分析の推定結果から明らかとなった点は，健康調理という新たな価値が市場に誕生することによって生じた競争が市場を再活性化し，脱コモディティ化を実現させているという点であった。

2．脱コモディティ化の論理

本書における研究課題は以下の4点であった。
1．共有されていない製品価値となるような新たな製品特性が組織内でどのように正当化されるのかを明らかにすること
2．新たな製品特性がどのようにすれば市場において正当化され，価値となっていくのかを明らかにすること
3．市場において評価され，創出された共有されていない製品価値が競争によって，どのように変化していくのかを明らかにすること
4．共有されていない製品価値という概念を用いて，脱コモディティ化のメカニズムがどのようなものであるのかを明らかにすること

本節では，本書で明らかになった点について示す。

2.1　組織内における正当化プロセス

1点目の研究課題は，共有されていない製品価値となるような新たな製品特性が組織内でどのように正当化されていくのかを明らかにすることであった。そのプロセスは，組織の成員が新たな価値の種を見出すことから始まる。そし

て，その価値の種を組織内において，正当化させ育てていくためには，多くのプロセスが必要となる。まずは，実績や熱意をもったリーダーを選出することである。正当化を行う際には，リーダーが組織内外の権威を上手に活用することが必要となる。ヘルシオの開発でも，開発リーダーであった井上氏は白物家電の基礎技術の研究を30年間行い，過去，2回の緊急プロジェクトにも選抜された実績や熱意を有した人物であり，井上氏の積極的な活動がヘルシオの製品開発を成功へと導く1つの大きな鍵となっていた。リーダーの選出が終わった後には組織の戦略と合致させたり，第三者機関の権威を活用し，立証することが必要となる。ヘルシオの開発において，健康調理というのは，当時の事業本部のスローガンであった「健康と環境」に合致しており，これが正当化を容易にさせていた。

　また，ヘルシオの開発では，日本食品分析センターや大阪府立大学の協力のもと，「脱油」「減塩」「ビタミンC保存」という健康効果を実験データにより，立証している。この立証データは，社内の正当化を得る際に大きな役割を果たしている。そして，その後は，組織内における権力者への説得を行うことが必要となる。ヘルシオの開発では，相談役の辻氏や社長の町田氏への説得が行われ，その支援を得ることに成功しており，これが，組織内の正当化を行う際に大きな役割を果たしている。そして，これらのプロセスを経た後は，関係部門に対し広める活動をリーダーを中心に行うことが必要となる。ヘルシオの開発では，技術部，営業部，広報室，デザインセンターという多くの部門に対する説得が行われ，その結果，健康調理が組織内において正当化されていくことになる。

2.2　市場に対する正当性獲得プロセス

　2点目の研究課題は，新たな製品特性がどのように市場において正当化され，価値となっていくのかを明らかにすることであった。これを実現するためには，その新たに創出された価値の種に対して，さらに，関連する複数の製品特性を重ねて付与していく行為を行うことが必要とされる。この理由としては，共有

されていない製品価値は，既に市場と企業間において共有されている機能と比べ，多義性が高く，1つの製品特性だけでは，顧客の関心を得る可能性が低く，複数の製品特性を重ねることにより，その顧客に関心をもってもらう可能性を高める必要があるためである。そして，それらを関連した形にしておくことで，そのつながりの中で，核となる価値を顧客に最終的に認識してもらうことを目指すのである。

　ヘルシオの開発においても，新たに創出された健康調理は，多くの人々の関わりの中で，「水で焼く」というキャッチフレーズ，赤色の製品カラー，過熱水蒸気という技術名，ヘルシオという製品名などという従来のオーブンレンジには存在しなかった新たな製品特性が関連されて付与されたことが成功をおさめた大きな要因となっていると考えられる。

　そして，その後，極力，社会の抵抗を受けない形で社会に向け発信することが求められる。このヘルシオがヒットした要因の1つとして，健康調理が社会に受け入れられやすいことであった点があげられる。健康になりたいということは，多くの人々にとって共通の望みであろう。つまり，その社会的な抵抗が極力，少ないような形で製品の市場導入が行われているのがヘルシオなのである。

　また，その際，ヘルシオは，「脱油」「減塩」「ビタミンC保存」という3つの健康効果について，第三者機関である日本食品分析センターに実証を依頼しており，製品カタログ等にも，その実証データの記載がされている。さらに，記者発表時には，共同研究していた大阪府立大学の教授によるヘルシオの「脱油」「減塩」「ビタミンC保存」の効果が生じるメカニズムについての説明もなされており，外部の権威を活用することも行われている。これは，新奇性の高い製品の場合，その製品のメリットに対し疑念がもたれることは珍しいことではないため，市場への説得の媒体として，外部機関の実験データや外部の権威を活用して，その抵抗を軽減するためである。

　新たな価値を市場に拡大させるためには，社会的抵抗の度合いを極力少なくすることが求められるという本書の結論は，原（2004）が主張するように，一

般的に，イノベーションの新奇性が高いほど，それに対する社会的抵抗の度合いも高まり，より広い範囲でのより強い説得が必要になるという議論とも論理的に整合している。

2.3 競争による価値の共創

3点目の研究課題は，市場において評価され，創出された共有されていない製品価値が競争によって，どのように変化していくのかを明らかにすることであった。本書で分析を行ったオーブンレンジ市場の事例分析と確率的フロンティア分析の結果から，2004年に新たに誕生した健康調理という共有されていない製品価値が，競合企業間における競争と共創により，市場全体へと拡大していったことが明らかとなった。シャープのヘルシオが創出した健康調理という価値を松下，日立，東芝，三洋，三菱が，それぞれ，自社製品に取り込もうとして，模倣しながらも，他の点で差別化を併せて行うことにより，健康調理という価値に対する市場と企業の相互学習が進められ，その価値は，年々，拡大していったのである。

2.4 脱コモディティ化のメカニズム

4点目の研究課題は，共有されていない製品価値という概念を用いて，脱コモディティ化のメカニズムがどのようなものであるのかについて明らかにすることであった。そのメカニズムは，まず，新たに見出した価値の種に対して，積極的な主体の働きにより，組織内において正当化作業が行われる。そして，その後に，その価値の種を中心に他の複数の製品特性を一貫性をもって重ねる努力が行われる。この努力を行う理由は，この段階ではまだこの価値の種は多義性が高いため，一貫性をもって複数の製品特性を重ねることにより，極力，多くの顧客に関心をもってもらう可能性を高めるためである。その努力の末，その価値がある一定以上の顧客に受け入れられた後は，積極的な競合企業間の共創が行われる。

新たに創出された共有されていない製品価値を軸とした競合企業間の共創を

行うことにより，企業と市場の相互学習は進み，競合企業の製品にも，その共有されていない製品価値が伝播する。その結果，製品価格の高い製品が増え，それらの製品の売上高が増加するとともに，市場の平均単価が上昇し，脱コモディティ化が実現するというメカニズムであった。

本書で分析したオーブンレンジ市場においても，ヘルシオが創出した健康調理という新たな共有されていない製品価値を松下，東芝，日立，三洋，三菱という競合企業が，模倣し，それを軸とした競合企業間の共創が行われていた。そして，その結果，健康調理の訴求を行ったスチームオーブンの機種数が増加することにより，顧客の選択肢が広がり，結果として，その健康調理という新たな共有されていない製品価値に対しての顧客の評価は高まっていった。そして，製品価値の高い製品の売上高が拡大していき，市場の平均単価は上昇し，脱コモディティ化は実現されていったのである。

2.5 脱コモディティ化を実現する困難性

しかし，このコモディティ化からの回避のメカニズムを企業が生じさせるのは容易なことではない。この点について，本書では，最後に指摘しておきたい。

企業が，この脱コモディティ化を実現させることが困難な理由としては，企業には共有されていない製品価値を創出することを妨げる4つの圧力が働くためである（楠木，2010）。

1つ目の圧力は，組織内部の意思決定プロセスそれ自体から生まれる圧力である。新たな価値を創出する活動は，そもそも，不確実でリスクの高い活動である。これに対し，マネジメントが資源配分の意思決定をする際には，それがなぜ必要なのか，それからどのくらいの成果が期待できるのかについて予測が必要となる。その予測が容易な場合は，組織における資源投入の意思決定の正当性を確保しやすいが，それが困難な場合は，その正当性の確保は難しくなる（Christensen and Raynor, 2003）。その点，共有されていない製品価値の把握は難しく，その価値の創出を後押しする意思決定は，必然として難しくなる。

2つ目の圧力は，企業間競争によって生じる圧力である。企業は一般に機会

よりも脅威に強く反応する（楠木，2010）。つまり，企業にとって把握が容易な価値において，競合企業に先行されることは深刻な脅威として映る。結果として，企業が努力し，競合企業のベンチマークをすればするほど，マネジメントは，競合他社が有している把握が容易な機能を中心とした共有された製品価値に対して，資源を振り分けることとなり，共有されていない製品価値にはその資源は振り分けられないこととなる。

3つ目の圧力は，顧客の圧力である。企業は，顧客のニーズを知ろうとして，さまざまなマーケティングの努力をする。しかし，顧客がニーズについて何らかの「声」を発する場合，把握が容易な機能を中心とした共有された製品価値について指摘することが多い（楠木，2010）。なぜなら，把握が困難な共有されていない製品価値について指摘することには，多大な努力が必要となるからである。つまり，企業が行う「顧客の声をきく」という努力は，一般的に，企業の目を把握が容易な機能を中心とした共有された製品価値へと向かわせることとなる。

4つ目の圧力は，投資家やアナリストの圧力である。外部の存在である投資家やアナリストは，組織内部のマネジメント以上に把握が容易な機能を中心とした共有された製品価値についての説明を要求する。なぜなら，把握が容易な機能を中心とした共有された製品価値において，競合他社に対する比較優位を説明することができれば，少なくとも，投資家やアナリストとしては，期待する成果との因果関係が理解しやすくなるためである（Christensen and Raynor, 2003）。

これら4つの圧力が，企業が新たな共有されていない製品価値を創出することを妨げる。さらに，企業がこの4つの圧力を克服して，市場にその価値を有した製品を投入した後も，競合企業間の共創が行われなければ，市場全体にその価値は拡がらない。本書で分析を行ったオーブンレンジ市場においては，競合企業間の共創が生じることによって，市場に価値が拡大していったのであるが，競合企業にその共創を行う能力がなければ，この価値の拡大も行われない。ここに自己の組織だけでは解決できない不確実性が潜んでいる。

3. 学術的インプリケーション

　前節までは，本書で明らかになった点について示してきた。本書においてここまで行ってきた議論は以下の10点の学術的インプリケーションをもたらす。

3.1　共有されていない製品価値という新たな概念の提示

　1点目は，先行研究（延岡，2006a，2006b，2008，2010，2011；楠木，2006，2010；楠木・阿久津，2006）で示された意味的価値と見えない次元の価値の定義は，それぞれ，「機能を超えて顧客が主観的に意味づける価値」と「普遍的かつ客観的に測定可能な特定少数の次元に基づいて把握できる程度が小さい価値」であったが，これらの定義は，価値を認識する主体が不明確である点に課題があった。

　これに対し，本書では，その点を明確にした共有されていない製品価値という新たな概念の提示を行った。具体的には，本書における共有されていない製品価値の定義は，「その製品固有の特性として企業と市場間において共通認識がまだもたれていない製品の特性からなる価値」とした。また，この共有されていない製品価値に対する概念となる共有された製品価値を「その製品固有の特性として既に企業と市場が共に認識している特性からなる製品の価値」と定義した。

　主体を明確にした定義を行った点は，本書における学術的な貢献の1つとなる。

3.2　共有されていない製品価値の定量化

　2点目は，先行研究（延岡，2006a，2006b，2008，2010，2011；楠木，2006，2010；楠木・阿久津，2006）では，定性的分析のみが行われていたが，本書では，ヘドニック・アプローチ分析を活用することにより，本書で定義した共有されていない製品価値を定量化し，その価値の存在を示した。この点は，先行

研究（延岡，2006a，2006b，2008，2010，2011；楠木，2006，2010；楠木・阿久津，2006）では行われていない点であり，本書の貢献の1つとなる。

3.3 ヘドニック・アプローチ分析と確率的フロンティア分析の活用

3点目は，ヘドニック・アプローチ分析と確率的フロンティア分析の双方を用いることにより，共有されていない製品価値の網羅的な把握方法を示した点である。

ヘドニック・アプローチ分析では，製品特性毎の価値の把握は行えるが，共有されていない製品価値を網羅的に把握することは困難である。これに対し，確率的フロンティア分析では，製品特性毎の価値の把握は行えないが，共有されていない製品価値を網羅的に把握することが可能である。つまり，この2つの分析手法は，共有されていない製品価値を定量化する際に，相互に補完関係にある測定方法となる。

3.4 健康調理というコンセプト

4点目は，ヘドニック・アプローチ分析と確率的フロンティア分析を用いることにより，健康調理というコンセプトも，製品ブランドと同じように，共有されていない製品価値になるということを示した点である。

一般的に，脱コモディティ化の議論がされる際には，製品ブランドに注目した議論がよく行われる。しかし，本書の結果は，製品ブランドと同じように，製品コンセプトも，共有されていない製品価値となり，脱コモディティ化実現に寄与することを示している。

3.5 競争が価値を創造する

5点目は，先行研究（延岡，2006a，2006b，2008，2010，2011；楠木，2006，2010；楠木・阿久津，2006）では，競争は，価値を喪失させるものとして，一意的に捉えられていたが，競争は価値を創造させる場合もあることを確率的フロンティア分析と事例研究を用いることにより，明らかにした点である。

第 7 章　脱コモディティ化の論理　131

　本書では，オーブンレンジ市場において，シャープ，松下，東芝，日立，三洋，三菱という競合企業が健康調理という新たに生まれた共有されていない製品価値を焦点とした競合企業間の共創を行うことにより，その価値を市場全体に拡大させ，市場の平均単価を上昇させている事実を明らかにした。この結果は，企業は，過去から顧客への直接的，または間接的な働きかけを通して，企業間競争の場を，市場における価値実現の場へと転換させてきたという Brandenburger and Nalebuff（1996）や石原（1982, 1996a, 1996b, 1999）の指摘と一致している。

3.6　組織内における正当性獲得の重要性

　6点目は，共有されていない製品価値の創出を目指す開発を行うためには，まずは，社内における正当性の獲得を重視すべきことを事例研究より示した点である。正当化を行う際には，社内外から支持者を集めたり（武石・青島・軽部，2008），科学的な権威を利用したり（原，2004），周囲に働きかけて企業の戦略そのものを再構成したりすることがある（Burgelman, 1983；Dougherty and Heller, 1994；原，2004；宮尾，2010）。

　本書では，この正当化を行うプロセスが，不確実性が高い製品の開発を行う際には，特に重要なプロセスであり，組織の成員の積極的な活動が，その創造的な正当化を可能とすることを指摘した。

3.7　優れた技術革新と資源動員の必要性

　7点目は，イノベーションが実現するには，その正当化と併せて，優れた技術革新が組み合わされつつ，資源が動員される必要があることを示した点である。優れた技術革新は，イノベーションの出発点であり，優れた技術革新は社会の資源動員の流れを変えるために最も有効な手段の1つである（武石・青島・軽部，2008）。ただ，優れた技術があれば，あとは自ずとよどみなく資源が動員されるというわけではない。それには，多くの主体が，自らのアイデアの価値を信じ，それを製品に結実させ，事業成果を得るために，壁を乗り越え

る必要がある（武石・青島・軽部，2008）。

シャープのヘルシオの開発においても，過熱水蒸気技術という優れた技術を活用するために，積極的に周囲に働き掛けた開発者の井上氏や広報室の飯澤氏など多くの主体の働きがあった。それが，組織と社会の資源動員の流れを変え，新たなスチームオーブンというサブカテゴリを形成することを可能としたのである。

3.8 社会に存在する構造的な要因や物的要因との関係

8点目は，新たな価値が形成される過程において，その価値が，社会と独立した論理によって決定するのではなく，社会に存在する構造的な要因や物的要因の影響を受けている点を示唆した点である。

主体，物的存在，制度的・構造的要因の相互作用のプロセスに注目する研究として，技術の社会的形成アプローチがあるが（原，2007；宮尾，2009，2010，2011），本書の事例研究においても，単なる諸主体の行動だけでなく，過熱水蒸気という物的存在，企業間競争や健康志向のような制度的・構造的要因が作用していたという見方ができ，製品価値についての研究においても，技術の社会的形成アプローチのような主体，物的存在，制度的・構造的要因の相互作用のプロセスに注目する研究方法の有用性が示唆された。

3.9 脱成熟化を生じさせる組織の成員たちの働き

9点目は，Abernathy et al.（1983）が指摘した脱成熟化を生じさせる顧客ニーズの変化は，組織の外部から与えられるだけのものではなく，その組織の成員たちが創り出すこともあることを示唆した点である。Abernathy et al.（1983）は，脱成熟化が生じるのは，顧客ニーズの変化，代替製品の急変や新たな技術の導入などが生じた時であると指摘している。

確かに，本書のオーブンレンジの事例でも，健康調理という新たに誕生した顧客ニーズの変化が脱成熟化を生じさせたと言える。ただ，その顧客ニーズの変化をもたらしたのは，本書のオーブンレンジの事例では健康調理であり，こ

れはシャープの成員が自ら創り出したものであった。

3.10 競争戦略

最後の10点目は，共有されていない製品価値に注目した競争戦略について，今後，検討を行う必要があることを示唆した点である。本書の事例の中でも，シャープは，ヘルシオの開発において，健康調理という共有されていない製品価値に焦点をあてた差別化戦略をとり，成功をおさめていた。

Porter（1980）が示した差別化戦略やコスト・リーダーシップ戦略によって企業が競争優位性を築けるという命題は，主に製品の機能的な面に焦点があてられている。これに対し，近年の競争戦略論においては，機能的な面だけでなく，人間の心理や知識に焦点をあてた競争戦略も示され始めており（菊澤，2008）。本書でも，製品の機能的な面でなく，共有されていない製品価値に焦点をあてた競争戦略について検討する必要性が示唆された。

4．脱コモディティ化の実現に向けて

前節までは本書における10点の学術的インプリケーションについて述べてきた。本節では，本書における実践的インプリケーションである4点を以下に示す。

4.1 社会的な正当性

1点目は，製品の開発者達は，製品価値を創出する際に，社会的に正当性を得やすい価値かどうかを，ある程度，前もって検討すべきことを示唆した点である。新たな価値を軸として開発した新製品を市場に売り出す際には，常に，社会の抵抗が予想される。社会における正当性を得やすいかを意識した製品開発が求められる。そのため，開発者達は，あらかじめ，社会的に正当性を得やすい示し方を検討しなければならない。

しかし，一方で過度な検討は無用とも言える。なぜなら，製品が市場に導入される前に，価値が決定されることはなく，企業と市場間の学習によってはじめて価値は決められるためである（Abernathy et al., 1983）。つまり，企業はある程度の不確実性を覚悟しながらも，市場導入を行い，市場との相互学習を開始しなくてはならないのである。

4.2 競合企業のベンチマーク

2点目は，開発者が行う，競合企業のベンチマークを従来の製品の機能だけではないものへと転換させる必要性を示唆した点である。多くの市場において，コモディティ化という現象が生じる中，共有されていない製品価値は今後より重要となる。

したがって，開発者は，競合企業の製品が有する共有されていない製品価値に対し，注意深く分析を行い，適切なタイミングで，自社の製品開発に反映させていかねばならない。

4.3 企業間競争のプラスの側面

3点目は，経営者や製品の開発者達にとって，企業間競争は，企業にとって負の要素だけではないことを理解すべきことを示唆した点である。一般的に，企業間競争は，コモディティ化を生じさせる要因とされているが，逆に，新たな製品価値を市場全体に拡大する際には，企業間競争が大きな役割を果たす。

つまり，経営者は，企業間競争がもつ負の要因と正の要因の両輪をみて経営を行うことが重要であり，時によっては，企業間競争を激化させる試みが必要であることも理解しておく必要がある。

4.4 連続した共有されていない製品価値創出の必要性

4点目は，企業は共有されていない製品価値の創出を続けて狙う必要があることを示唆した点である。新たに生まれた価値は企業と市場間の学習によって共有されることにより，価値となる。しかし，その学習が過度に進んでしまう

と，その価値はいつしか機能となる。そして，機能となると，多くの場合，競争によってその機能が有する価値は減少してしまう。

つまり，企業は新たな共有されていない製品価値の創出を絶えず狙う試みを行わねばならない。

5．今後の研究課題

最後に今後の研究課題について述べる。今後の研究課題は，大きく3点ある。

1点目は，本書では，オーブンレンジの一事例しか分析を行えていないため，オーブンレンジ以外の製品にも，今後，研究の幅を広げていくことが必要な点である。たとえば，本書で対象とした電化製品という耐久財以外にも，消費財を分析してみることや，デジタル家電のように製品機能の変化がより激しい製品の分析を行っていくこと，さらには，共有されていない製品価値の創出に失敗した製品を分析してみることにより，本書で論じた枠組みに対する新たな可能性と課題が明らかになるであろう。

2点目は，国際比較の視点を取り入れていくことが必要な点である。本書で分析を行ったオーブンレンジ市場は，日本市場のみの分析であった。しかし，同じ製品であっても，使用される国，地域が異なれば，その価値の変遷は異なるものとなる。国際比較の視点を取り入れることで新しい価値についての議論が行えるだろう。

3点目は，本書は，どちらかと言えば，製品の作り手である企業からの視点を中心として，製品の価値について事例研究を行ってきたが，今後は，買い手である顧客が製品に対してどのような理解をしているのかについても，消費者行動という視点で分析していくことが必要な点である。企業と市場の双方の関係をより重視した分析を行うことが，価値の分析を行っていくには必要であり，今後の取り組むべき大きな課題と考えている。

あとがき

　本書を執筆する過程では，多くの方々に助言やご協力を頂きました。

　はじめに，神戸大学大学院の原拓志先生にお礼を申し上げたいと思います。原先生には，神戸大学大学院経営学研究科専門職学位課程，博士後期課程，そして現在に至るまで，様々な場面において多くのご指導を頂いております。20代の頃，私は企業家になるための学びの場として神戸大学大学院の門をたたきました。そこで，私の人生に大きな影響を与えたのが原先生でした。それまで，あまり自分には積極的に「なりたい職」というものはなく，祖父と父同様に自分自身企業家になるのだろうと漠然と思っていました。しかし，ゼミの指導などを通し，原先生が，日々，研究と教育に励んでおられる姿を見て「かっこいい」と思ったことが，私が研究者という職を志すきっかけになりました。先生との出会いに心から感謝致します。

　大阪大学大学院の延岡健太郎先生にもお礼を申し上げたいと思います。本書で行っている研究テーマに取り組もうと思ったきっかけは延岡先生がされている価値づくりの研究でした。先生からはこれまで多大な影響を受けてきましたし，現在も受けております。

　また，本研究をすすめる上で多くの貴重なコメントを頂いた神戸大学大学院の伊藤宗彦先生，松尾博文先生にも感謝致します。また，早稲田大学大学院の長内厚先生にも感謝致します。長内先生は企業から大学に移った人生の先輩として，私に大きな刺激を与えて下さる存在であります。

　さらに，神戸大学大学院経営学研究科原拓志ゼミにおいてともに学んだ，宮尾学先生（神戸大学大学院），竹内竜介先生（横浜国立大学大学院），山崎喜代宏先生（東北大学大学院），横澤幸宏先生（岡山商科大学），門脇一彦氏（ダイキン工業株式会社）にも感謝致します。研究者としてともに歩める仲間に出会えたことは私の貴重な財産です。特に，宮尾先生と竹内先生には学位取得後も共同研究を通じ，知的な刺激を与えて頂いております。心より感謝致します。

現在の勤務先である獨協大学の先生方にも感謝申し上げたいと思います。企業から大学に移った私をあたたかく迎えてくださり，講義や研究の進め方に対し貴重なご助言を頂ける環境にいられることに感謝しております。
　株式会社中央経済社　経営編集部　浜田匡氏にも感謝致します。本書の刊行にあたって多大な配慮とご尽力を頂きました。本書を執筆する上で丁寧かつ貴重なアドバイスをいただいたことに心から感謝申し上げます。
　そして，最後に読者のみなさまに心から感謝致します。最後まで本書を読んで頂きありがとうございました。

　　2019年1月　　平成最後の年の始めに

　　　　　　　　　　　　　　　　　　　　　　　　　　　　陰山　孔貴

参考文献

Aaker, D.A. (1991) *Managing Brand Equity*, New York: Free Press.（陶山計介・中田義啓・尾崎久仁博・小林哲訳『ブランド・エクイティ戦略―競争優位をつくりだす名前，シンボル，スローガン―』ダイヤモンド社，1994年。）

Abernathy, W.J. (1978) *The Productivity Dilemma: Roadblock to Innovation in the Automobile Industry*, Baltimore: John Hopkins University Press.

Abernathy, W.J. and J.M. Utterback (1978) Patterns of Industrial Innovation, *Technology Review*, Vol. 80, pp.40-47.

Abernathy, W.J. and K.B. Clark (1985) Innovation: Mapping the Winds of Creative Destruction, *Research Policy*, Vol. 14, pp.3-22.

Abernathy, W.J., K.B. Clark, and A.M. Kantrow (1983) *Industrial Renaissance: Producing a Competitive Future for America*, New York: Basic.（望月嘉幸監訳・日本工業銀行産業調査部訳『インダストリアル・ルネサンス』TBSブリタニカ，1984年。）

Aigner, D., C.A.K. Lovell, and P. Schmidt (1977) Formulation and Estimation of Stochastic Frontier Production Function Models, *Journal of Econometrics*, Vol. 6, pp.21-37.

青木幸弘（2010）『消費者行動の知識』日本経済新聞出版社。

青木幸弘（2011）「顧客価値のデザインとブランド構築―脱コモディティ化のための戦略構図―」青木幸弘編『価値共創時代のブランド戦略―脱コモディティ化への挑戦―』ミネルヴァ書房。

Battese, G.E. and G.S. Corra (1977) Estimation of a Production Frontier Model: With Application to the Pastoral Zone of Eastern Australia, *Australian Journal of Agricultural Economics*, Vol. 21, pp.169-179.

Boer, F. Peter (1999) *The Valuation of Technology: Business and Financial Issues in R & D*, New York: Wiley.（大上慎吾・松浦良行・中野誠・大薗恵美訳『技術価値評価：R＆Dが生み出す経済的価値を予測する』日本経済新聞社，2004年。）

Brandenburger, A.K. & B.J. Nalebuff (1996) *Co-opetition*, New York: Currency Doubleday.（嶋津裕一・東田啓作訳『コーペティション経営』日本経済新聞社，1997年。）

Bryman, A. (2008) *Social Research Methods 3rd ed.*, Oxford: Oxford University Press.

Burgelman, R.A. (1983) A Process Model of Internal Corporate Venturing in the Diversified Major Firm, *Administrative Science Quarterly*, Vol. 28, No. 2, pp.223-244.

Christensen, C.M. (1997) *The Innovator's Dilemma -When New Technologies Cause Great Firms to Fail*, Boston, MA : Harvard Business School Press.（玉田俊平太監修・伊豆原弓訳『イノベーションのジレンマ』翔泳社，2001年。）

Christensen, C.M. and M.E. Raynor (2003) *The Innovator's Solution : Creating and Sustaining Successful Growth*, Boston, MA : Harvard Business School Press.（玉田俊平太監修・櫻井祐子訳『イノベーションへの解』翔泳社，2003年。）

Clark, K.B. and T. Fujimoto (1991) *Product Development Performance : Strategy, Organization, and Management in the World auto Industry*, Boston, MA : Harvard Business School Press.（田村明比古訳『製品開発力』ダイヤモンド社，1993年。）

Court, A.T. (1939) Hednic Price Indexes with Automotive Examples, *The Dynamics of Automobile Demand*, The General Mototors Corporation.

D'Aveni, R.A. (2010) *Beeting the Commodity Trap : How to Maximize Your Competitive Position and Increase Your Pricing Power*, Boston, MA : Harvard Business School Press.（東方雅美訳『脱「コモディティ化」の競争戦略』中央経済社，2011年。）

DiMaggio, P.J. and W.W. Powell (1983) The Iron Cage Revisited : Institutional Isomorphism and Collective Rationality in Organizational Fields, *American Sociological Review*, Vol. 48, No. 2, pp.147-160.

Dosi, G. (1982) Technological Paradigms and Technological Trajectories : A Suggested Interpretation of the Determinants and Directions of Technical Change, *Research Policy*, Vol. 11, pp.147-162.

Dougherty, D. and T. Heller (1994) The Illegitimacy of Successful Product Innovation in Established Firm, *Organization Science*, Vol. 5, No. 2, pp.200-218.

遠藤功（2007）『プレミアム戦略』東洋経済新報社。

藤川佳則（2006）「脱コモディティ化のマーケティング―顧客が語れない潜在需要を掘り起こす―」『一橋ビジネスレビュー』第53巻第4号，66-78頁。

藤本隆宏（2001）「アーキテクチャの産業論」藤本隆宏・武石彰・青島矢一編『ビジネス・アーキテクチャ―製品・組織・プロセスの戦略的設計―』有斐閣。

藤本隆宏（2004）『日本のもの造り哲学』日本経済新聞社。

羽森茂之（2009）『ベーシック計量経済学』中央経済社。

原拓志（1996）「産業の技術軌道と企業の技術伝統―日本における抗生物質および合成抗菌剤の開発―」『神戸大学経営学部研究年報』第42（下）巻，175-204頁。

原拓志（1997）「日本の製薬企業における技術変化」『国民経済雑誌』第175巻第5号，79-91頁。

原拓志（2004）「イノベーションと『説得』―医薬品の研究開発プロセス―」『ビジネス・インサイト』第12巻第1号，20-33頁。

原拓志（2007）「研究アプローチとしての『技術の社会的形成』」『年報科学・技術・社会』第16巻，37-57頁。

池尾恭一（2010）「過剰性能とマーケティング戦略」『季刊マーケティング・ジャーナル』第30巻第1号，69-82頁。

Imai, K., H. Takeuchi, and I. Nonaka (1985) Managing the New Product Development Process : How Japanese Learn and Unlearn. In K.B. Clark, R.H. Hayes, and C. Lorenz (Eds.), *The Uneasy Alliance : Managing the Productivity-technology Dilemma* (pp.337-375), Boston, MA : Harvard Business School Press.

石井淳蔵（1993）『マーケティングの神話』日本経済新聞社。

石井淳蔵（1995）「消費のルールとマーケティングの意義」『ビジネスレビュー』第42巻第3号，30-43頁。

石井淳蔵（1996a）「使用価値の恣意性論争と言語ゲーム」石井淳蔵・石原武政編『マーケティングダイナミズム―生産と欲望の相克―』白桃書房。

石井淳蔵（1996b）「消費者需要とマーケティング―石原理論再考―」石井淳蔵・石原武政編『マーケティングダイナミズム―生産と欲望の相克―』白桃書房。

石井淳蔵（1996c）「製品の意味の創造プロセス」石井淳蔵・石原武政編『マーケティングダイナミズム―生産と欲望の相克―』白桃書房。

石井淳蔵（1999）「競争的使用価値―その可能性の中心―」石井淳蔵・石原武政編『マーケティング・ダイアログ―意味の場としての市場―』白桃書房。

石井淳蔵（2010）「市場で創発する価値のマネジメント」『一橋ビジネスレビュー』第57巻第4号，20-32頁。

石井淳蔵・石原武政（1996）『マーケティング・ダイナミズム―生産と欲望の相克―』白桃書房。

石原武政（1982）『マーケティング競争の構造』千倉書房。

石原武政（1996a）「消費者需要とマーケティング―競争的使用価値概念の提唱―」石井淳蔵・石原武政編『マーケティングダイナミズム―生産と欲望の相克―』白桃書房。

石原武政（1996b）「消費の実用的理由と文化的理由」石井淳蔵・石原武政編『マーケティングダイナミズム―生産と欲望の相克―』白桃書房。

石原武政（1999）「不特定な市場とのコミュニケーション―『仮説的根拠づくり』の意義―」石井淳蔵・石原武政編『マーケティング・ダイアログ―意味の場としての市場―』白桃書房。

伊藤邦雄（2000）『コーポレートブランド経営』日本経済新聞社。

伊藤宗彦（2005a）『製品戦略マネジメントの構築―デジタル機器企業の競争戦略―』有斐閣。

伊藤宗彦（2005b）「デジタル機器産業における価格低下の要因分析―なぜ旺盛な需要下でコモディティ化が起こるのか？―」『国民経済雑誌』第192巻第 3 号，25-39頁。

伊藤宗彦（2008a）「環境政策が企業の製品戦略に与える影響―冷蔵庫産業における脱フロン化と省電力化―」『国民経済雑誌』第198巻第 6 号，63-73頁。

伊藤宗彦（2008b）「製品差別化競争の考察―インクジェット・プリンタ産業における製品開発戦略の分析―」『日本経営学会誌』第22号，15-26頁。

伊藤宗彦（2010）「イノベーション・インパクト―デジタル機器産業におけるイノベーション・マネジメント―」『国民経済雑誌』第201巻第 6 号，85-104頁。

陰山孔貴（2014a）「コモディティ化発生のメカニズム」『獨協経済』第94号，19-28頁。

陰山孔貴（2014b）「脱コモディティ化にむけた鍵概念の模索」『獨協経済』第95号，113-124頁。

陰山孔貴（2015）「組織内外におけるイノベーションの正当化」『獨協経済』第97号，79-88頁。

陰山孔貴（2017）「共有されていない製品価値の定量化についての一考察」『獨協経済』第101号，37-46頁。

陰山孔貴・竹内竜介（2016）「脱カテゴリー製品の開発プロセス―お茶メーカー『ヘルシオお茶プレッソ』の事例研究―」『国民経済雑誌』第214巻第 1 号， 1 -20頁。

陰山孔貴・竹内竜介（2018）「製品カテゴリーを越えた製品開発と製品コンセプト」『日本経営学会』第41号，16-27頁。

加護野忠男（1988）『組織認識論―企業における創造と革新の研究―』千倉書房。

加藤俊彦（2011）『技術システムの構造と革新―方法論的視座に基づく経営学の探究―』白桃書房。

河野五郎（1984）『使用価値と商品学』大月書店。

菊澤研宗（2008）『戦略学―立体的戦略の原理―』ダイヤモンド社。

Kim, W.C. and R. Mauborgne (2005) *Blue Ocean Strategy : How to Create Uncontested Market Space and Make the Competition Irrelevant*, Boston, MA : Harvard Business School Press.（有賀裕子訳『ブルー・オーシャン戦略』ランダムハウス講談社，2005年。）

Krugman, P. and R. Wells (2006) *Economics*, New York : WORTH PUBLISHERS.（大山道広・石橋孝次・塩澤修平・白井義昌・大東一郎・玉田康成・蓬田守弘訳『クルーグマン　ミクロ経営学』東洋経済新報社，2007年。）

工藤秀雄（2009）「デジタル家電製品におけるコモディティ化の差異と論理―なぜ薄型テレビはデジタルカメラよりコモディティ化が早いのか―」一橋大学　イノベーション研究センター　ワーキングペーパー。

Kuhn, T. (1962) *The Structure of Scientific Revolutions*, The University of Chicago Press.（中山茂訳『科学革命の構造』みすず書房，1971年。）

Kumbhakar, S.C. and C.A.K. Lovell (2003) *Stochastic Frontier Analysis*, U. K : Cambridge University Press.

栗木契（2003）『リフレクティブ・フロー―マーケティング・コミュニケーション理論の新しい可能性―』白桃書房。

栗木契（2009）「コモディティ化はいかに回避されるのか？」『国民経済雑誌』第199巻第3号，53-70頁。

楠木建（2006）「次元の見えない差別化―脱コモディティ化の戦略を考える―」『一橋ビジネスレビュー』第53巻第4号，6-24頁。

楠木建（2010）「イノベーションの『見え過ぎ化』―可視性の罠とその克服―」『一橋ビジネスレビュー』第57巻第4号，34-51頁。

楠木建・阿久津聡（2006）「カテゴリー・イノベーション―脱コモディティ化の論理―」『組織科学』第39巻第3号，4-18頁。

Lancaster, K.J. (1966) A New Approach to Consumer Theory, *Journal of Political Economy*, Vol. 74, No. 2, pp.132-157.

Lancaster, K.J. (1971) *Consumer Demand*, Columbia University Press.（桑原秀史訳『消費者需要』千倉書房，1989年。）

Leonard-Barton, D. (1992) Core Capability and Core Rigidities : A Paradox in Managing New Product Development, *Strategic Management Journal*, Vol. 13, Special Issue, pp.111-125.

前間孝則（2005）『技術開発のエースたち―小さな現場から生まれた世界初―』大和書房。

Marx, K.（1867）*Das Kapital*, Ernster Band（岡崎次郎訳『資本論』国民文庫，1972年。）

松島克守（2004）『MOTの経営学』日経BP社。

McKinsey and Company (2000) *Valuation, Measuring and Managing The Value of Companies*, 3rd ed., New York: John Wiley & Sons.（マッキンゼー・コーポレート・ファイナンス・グループ訳『企業価値評価―バリュエーション：価値創造の理論と実践―』ダイヤモンド社，2005年。）

Meeusen, W. and J. van den Broeck (1977) Efficiency Estimation from Cobb-Douglas Production Functions with Composed Error, *International Economic Review*, Vol. 18, pp.435-444.

三品和広（2004）『戦略不全の論理―慢性的な低収益の病からどう抜け出すか―』東洋経済新報社。

三宅秀道（2012）『新しい市場のつくりかた』東洋経済新報社。

宮尾学（2009）「製品カテゴリの社会的形成」『日本経営学会誌』第24号，3 -15頁。

宮尾学（2010）「新製品開発と製品カテゴリのダイナミクス」神戸大学大学院経営学研究科　博士論文。

宮尾学（2011）「製品カテゴリを再定義する新製品開発―技術の社会的形成アプローチによる検討―」『組織科学』第44巻第 3 号，120-131頁。

宮尾学（2016）『製品開発と市場創造―技術の社会的形成アプローチによる探求―』白桃書房。

宮尾学・原拓志（2014）「技術の普及プロセスにおける再発明―技術の社会的形成アプローチによる検討―」『日本経営学会誌』第33号，61-72頁。

水谷文俊・中村絵理（2010）「組織スラックは非効率か」『国民経済雑誌』第201巻第 4 号，29-41頁。

森部信次（2006）「『水で焼く』ヘルシオのデビュー戦略」日本パブリック　リレーションズ協会編『広報の仕掛人たち―21のPRサクセスストーリー―』宣伝会議。

中村絵理（2011）「組織スラックが企業活動に与える影響についての実証研究」神戸大学大学院経営学研究科　博士論文。

延岡健太郎（1996）『マルチプロジェクト戦略―ポストリーンの製品開発マネジメント―』有斐閣。

延岡健太郎（2002）『製品開発の知識』日本経済新聞社。

延岡健太郎（2006a）『MOT［技術経営］入門』日本経済新聞社。

延岡健太郎（2006b）「意味的価値の創造―コモディティ化を回避するものづくり―」『国民経済雑誌』第194巻第 6 号，1 -14頁。

延岡健太郎（2008）「価値づくりの技術経営―意味的価値の創造とマネジメント―」一橋大学　イノベーション研究センター　ワーキングペーパー。

延岡健太郎（2010）「価値づくりの技術経営―意味的価値の重要性―」『一橋ビジネスレビュー』第57巻第4号，6-19頁。

延岡健太郎（2011）『価値づくり経営の論理』日本経済新聞出版社。

延岡健太郎・伊藤宗彦・森田弘一（2006）「コモディティ化による価値獲得の失敗―デジタル家電の事例―」榊原清則・香山晋編『イノベーションと競争優位』NTT出版。

延岡健太郎・軽部大（2012）「日本企業の価値づくりにおける複雑性の陥穽」『一橋ビジネスレビュー』第60巻第3号，84-96頁。

延岡健太郎・高杉康成（2010）「生産財における意味的価値の創出―キーエンスの事例を中心に―」『一橋ビジネスレビュー』第57巻第4号，52-64頁。

恩蔵直人（2006）「コモディティ化市場における市場参入戦略の枠組み」『組織科学』第39巻第3号，19-26頁。

恩蔵直人（2007）『コモディティ化市場のマーケティング論理』有斐閣。

太田誠（1980）『品質と価格』創文社。

長内厚（2012）「アフターマーケット・ビジネスにおける技術と顧客価値―ソニーとコマツの事例―」長内厚・榊原清則編『アフターマーケット戦略―コモディティ化を防ぐコマツのソリューション・ビジネス―』白桃書房。

Pine, B.J. and J.H. Gilmore (2000) *The Experience Economy : Work is Theater and Every Business a Stage*, Boston, MA : Harvard Business School Press.（電通「経験経済」研究会訳『経験経済―エクスペリエンス・エコノミー―』流通科学大学出版，2000年。）

PineⅡ, B.J. (1993) *Mass Customization*, Boston, MA : Harvard Business School Press.（江夏健一・坂野友昭訳『マスカスタマイゼーション革命―リエンジニアリングが目指す革新的経営―』日本能率協会マネジメント，1994年。）

Porter, M.E. (1980) *Competitive Strategy*, New York : Free Press.（土岐坤・中辻萬治・服部照夫訳『競争の戦略』ダイヤモンド社，1982年。）

Prahalad, C.K. and V. Ramaswamy (2004) *The Future of Competition*, Boston, MA : Harvard Business School Press.（有賀裕子訳『価値共創の未来へ―顧客と企業のCo-Creation―』ランダムハウス講談社，2004年。）

榊原清則（2006）「統合型企業のジレンマ―時計とテレビの事例―」榊原清則・香山晋編『イノベーションと競争優位』NTT出版。

榊原清則・香山晋（2006）「利益につなげるイノベーション」榊原清則・香山晋編『イノベーションと競争優位』NTT出版。

榊原清則・長内厚（2012）「コモディティ化に直面する日本の製造業─B2B にも迫るコモディティ化の波─」長内厚・榊原清則編『アフターマーケット戦略─コモディティ化を防ぐコマツのソリューション・ビジネス─』白桃書房。
佐藤郁哉（2002a）『実践フィールドワーク入門』有斐閣。
佐藤郁哉（2002b）『フィールドワークの技法』新曜社。
佐藤郁哉（2006）『フィールドワーク　増訂版』新曜社。
佐藤郁哉（2008）『質的データ分析法』新曜社。
Schmitt, B.H. (1999) *Experiential Marketing : How to Get Customers to Sense, Feel, Think, Act, Relate*, New York : Free Press.（嶋村和恵・広瀬盛一訳『経験価値マーケティング』ダイヤモンド社，2000年。）
Schmitt, B.H. (2003) *Customer Experience Management : A Revolutionary Approach to Connecting with Your Customers*, New York : John Wiley & Sons.（嶋村和恵・広瀬盛一訳『経験価値マネジメント─マーケティングは，製品からエクスペリエンスへ─』ダイヤモンド社，2003年。）
白塚重典（1994）「物価指数に与える品質変化の影響─ヘドニック・アプローチの適用による品質調整済みパソコン物価指数の推計─」『金融研究』第13巻第4号，61-95頁。
白塚重典（1995a）「消費者物価指数と計測誤差─その問題点と改善に向けての方策─」『金融研究』第14巻第2号，1-45頁。
白塚重典（1995b）「乗用車価格の変動と品質変化─ヘドニック・アプローチによる品質変化の計測と CPI への影響─」『金融研究』第14巻第3号，77-120頁。
白塚重典（1997）「ヘドニック・アプローチによる品質変化の捕捉─理論的枠組みと実証研究への適用─」日本銀行金融研究所ディスカッションペーパー。
白塚重典（1998）『物価の経済分析』東京大学出版会。
白塚重典（2000）「物価指数の計測誤差と品質調整手法─わが国 CPI からの教訓─」『金融研究』第19巻第1号，155-177頁。
白塚重典・黒田祥子（1995）「ビデオカメラ価格のヘドニック分析」『金融研究』第14巻第4号，43-62頁。
白塚重典・黒田祥子（1996）「アパレル製品価格と品質差─CPI アパレルの抱える問題点とヘドニック・アプローチによる改善の可能性─」『金融研究』第15巻第1号，117-143頁。
Suchman, M.C. (1995) Managing Legitimacy : Strategic and Institutional Approaches, *Academy of Management Review*, Vol. 20, No. 3, pp.571-610.

武石彰・青島矢一・軽部大（2008）「イノベーションの理由―大河内賞受賞事例に見る革新への資源動員の正当化―」『組織科学』第42巻第1号，4-14頁。

竹内弘高・野中郁次郎（1985）「製品開発プロセスのマネジメント」『ビジネスレビュー』第32巻第4号，24-44頁。

Takeuchi, H. and I. Nonaka (1986) The New Product Development Game. *Harvard Business Review*, January-February, pp.137-146.

田尾雅夫・若林直樹（2001）『組織調査ガイドブック　調査党宣言』有斐閣。

鳥居直隆（1996）『ブランド・マーケティング―価値競争時代のNo.1戦略―』ダイヤモンド社。

柳原一夫・大久保隆弘（2004）『シャープの「ストック型」経営―最強のモノつくりを支えるマネジメント』ダイヤモンド社。

Yin, R.K. (1994) *Case Study Research*, 2rd ed., Sage Publications.（近藤公彦訳『ケース・スタディの方法』千倉書房，1996年。）

渡辺章博（2004）『新版　M＆Aのグローバル実務―プロセス重視の企業買収・売却のすすめ方―』中央経済社。

Vargo, S.L. and R.F. Lusch (2004) Evolving to a New Dominant Logic for Marketing, *Journal of Marketeing*, Vol. 68, No. 1, pp.1-17.

Vargo, S.L. and R.F. Lusch (2008) Service Dominant Logic : Continuing the Evolution, *Journal of the Academy of Marketing Science*, Vol. 36, No. 1, pp.1-10.

索引

欧文

CPU……………………………………27
CRT テレビ……………………………14
DVD レコーダ…………………………14
iPhone…………………………………31
iPod……………………………………31
iTunes…………………………………32
NEC……………………………………74
PDP テレビ……………………………14
VHS ビデオ……………………………14

あ行

アカデミック・マーケティング………79
新しい消費者理論……………………57
アップル社……………………………31
圧力………………………………33, 35
後追いのルール………………………39
アナリスト…………………………34, 35
アバナシー・アターバック・モデル…21, 22
アパレル製品…………………………32
新たな技術の導入…………………22, 132
粗利……………………………………50
暗黙の共謀……………………………20
石窯オーブン……………………86, 87, 97
石窯オーブン　カロリエ……………88, 97
意思決定の正当性……………………33
意思決定の判断材料…………………55
意思決定プロセス……………………33
石焼厨房……………………………88, 97
一般的・社会的労働…………………38
命がけの飛躍…………………………37
イノベーション……………………33, 35, 44
イノベーションの価値次元……………33

意味……………………………33, 39, 41, 46
意味づけ………………………………31
意味的価値…………………30, 31, 37, 42, 45, 47
意味の共有……………………………40
意味のない機能………………………28
イメージセンサー（CCD）……………27
インテグラル型アーキテクチャ………26
ウオーターオーブン………………73, 81
内向きの価値…………………………32
売上総利益……………………………50
売上高営業利益率……………………14
営業部隊………………………………79
液晶テレビ……………………………70
エレック……………………………81, 96, 97
エンジンポット………………………71
おいしさと健康………………………74
横断面データ…………………………59
大阪府立大学………………………69, 76, 79
オーバーシュート………………27-29, 44
オーバーラップ………………………23
オーブン加熱…………………………72
オーブン消費電力……………………59
オーブンレンジ………………………59
オーブンレンジ市場………65, 67, 87, 89
思い入れ………………………………28
オンリーワン戦略……………………114

か行

カートリッジタンク……………………85
解釈の幅……………………………27, 30, 43
買い手…………………………………135
概念整理……………………………36, 47
開発工数………………………………25
開発手法………………………………25

開発の焦点	21
開発フェイズ	23
外部委託	26
外部統合	24
価格	15, 31, 37, 50, 56, 58, 59
価格競争	14, 29
価格設定	20
科学的な権威	42
鍵概念	30
学習	46, 47
学習過程	22, 46, 48
学術的な視点	55
確率的費用フロンティア	62
確率的フロンティア分析	55, 60–63, 102
確率的フロンティアモデル	60
可視的な次元	32
過剰供給	27, 29
カスタマイゼーション	26
仮説	54
寡占状態	20
片側対数	59
価値	55
価値観	42
価値次元の可視性	32, 33, 35
価値実現の場	131
価値の形成	48
価値の喪失	46
価値の代理指標	37, 50
価値の種	119
価値の発現の可能性	39
カテゴリ	33
家電製品	13
過当競争	15
過渡的段階	21, 22
加熱エンジン	71
過熱水蒸気	67, 68, 72, 86, 91
過熱水蒸気発生ユニット	71

加熱する仕組み	71
カロリーカット	86
感覚的・意味的・情報的価値	30
関数型	61
乾燥システム	67
関与度	28, 29
機会	33
機械「X」	39
機械設備	21
基幹部品	67, 70
企業価値	63
企業間競争	27, 33, 35, 43, 44, 45
企業間の競争圧力	45
企業間の競争関係	43
企業間の競争のプロセス	43
企業と市場	41, 46–48
企業の意図	43
企業の活動	43
企業の戦略	42
企業ブランド	63
技術革新	131
技術価値	63
技術軌道	42
技術経営（MOT）	22
技術知識の蓄積	34
技術の社会的形成アプローチ	132
技術発展	29
技術力	27
希少性	37
既存カテゴリー製品	50
既存技術移転戦略	25
既存の制度	42
機能	21, 27, –30, 32, 39, 40, 41, 43, 44, 46, 94
機能の価値	31, 45
機能ニーズ	28
機能の広がり	28
機能部門	24

機能部門長	24
規模の経済性	15
客観的	31, 32
逆行	22
キャラバン隊	78
脅威	33
共感の連鎖	80
供給	27
供給者	46
競合企業間の共創	44, 126-128, 131
凝縮水	72
凝縮熱	68
競争	45
競争相手	45
共創相手	45
競争戦略	133
競争的使用価値	43
競争と協調の相互作用	45
競争のための競争	45
競争の本質	45
協調	45
共通認識	48, 50
共謀	19, 20
共有化	27
共有された製品価値	48, 50, 62, 63
共有された製品特性	94
共有された分業	23
共有されていない製品価値	48, 50, 62, 63
共有されていない製品特性	95
金額	56
緊急プロジェクト	67, 73, 90
具体的な検討	55
具体的欲望	41
苦痛を伴う合理化	45
グローバル化	20
経験価値	30
経験経済	30

経験効果	15
経験的一般化	54
経済的な意味づけ	57
経済的な価値	38
経済のグローバル化	26, 27
係数	56
減塩効果	72, 74, 77
研究者の意識	54
研究の質	54
研究方法	54
現行技術改良戦略	25
健康調理	73, 86-88, 91, 95
原理モデル	70
コア技術	25
交換	36-38
交換価値	36, 37, 38, 47, 50
交換の場面	36
抗酸化物質キープ	86
高周波出力	94
構成要素	27
構造的な要因	132
構造や制度	42
工程	21
工程イノベーション	22
行動分析	56
購買選択	45
コエンザイムQ10の保存	86
顧客が知覚する価値	41
顧客価値の最大化	26
顧客ニーズ	26, 27, 28
顧客ニーズの変化	22
顧客の圧力	34, 35
顧客の声	34
顧客の嗜好	47
顧客の深層的な好み	30
顧客の求める水準	27, 29, 44
国際競争	21

国際比較の視点············ 135
誤差項················ 59, 60
コスト········ 15, 21, 25, 26, 37
こだわり················ 28
こだわり価値············· 32
異なる参加者············· 54
異なる手法··············· 54
庫内容量············· 59, 94
コブ・ダグラス型費用関数····· 61
個別の顧客ニーズ··········· 26
コミットメント··········· 21
コモディティ化…13, 14, 19, 20, 28-30, 32, 44
コモディティ化の本質········ 32
コンセンサス··········· 22, 46
コンテクスト··········· 30, 46

さ行

サービス··············· 32, 37
サービス・ドミナント・ロジック······ 30
財················ 56-58, 63
再構成················· 42
再購買需要·············· 45
最小自乗法·············· 61
最小費用············· 60, 61
最大生産················ 61
最大生産量·············· 60
財の消費················ 58
財の数量················ 58
最尤法················· 63
材料··················· 21
サブカテゴリ··········· 89, 92
サプライヤー·············· 27
差別化競争·············· 27
産学連携················ 76
酸化分解················ 72
産業技術センター··········· 67
酸素濃度················ 72

参入企業················ 45
三洋··············· 87, 88, 97
恣意性················· 56
事業計画················ 31
資源··················· 40
資源投入················ 33
資源の最小化············· 26
資源配分の意思決定········· 33
自己表現価値············· 32
試作機················· 84
市場··············· 23, 40
市場シェア·············· 45
市場占有率·············· 25
市場像··············· 40, 41
市場での取引············· 46
市場の再活性化············ 89
市場のパイ·············· 45
市場分析················ 31
システム················ 26
持続的イノベーション········ 44
実演販売················ 79
実践的な視点············· 55
失敗と成功の経験··········· 46
自動車企業·············· 25
自動車産業·········· 20, 21, 23
支配的なデザイン··········· 21
支払う費用·············· 60
指標··················· 56
脂肪分················· 72
資本価格················ 61
シャープ·········· 65, 86, 87, 96
社会・知識の立脚基盤········ 42
社会的な意味··········· 36, 37
社会的な抵抗········ 52, 115, 125
社会の資源動員··········· 131
車台··················· 25
重回帰分析··········· 56, 59, 94

索　引

ジューススプレッソ……………………81
柔軟性を有した製品開発………………23
重量級プロダクト・マネージャー
　（HWPM）………………………………24
受益者…………………………………41
主観的……………………………30, 31
主観的な評価……………………………56
主体………………………………………132
主体の行為………………………………42
手法………………………56, 57, 59, 60, 63
需要……………………………………19, 21
需要と供給………………………………22
主要要素…………………………………26
循環ファン………………………………71
使用価値……………………36-38, 43, 47
商談会……………………………………84
情緒的価値………………………………30
使用による学習…………………………47
使用場面…………………………………36
消費………………………………………36
消費財………………………………45, 135
消費者………………………………36, 40
消費者均衡…………………………57, 58
消費者行動………………………………135
消費者行動理論……………………57, 58
消費者特性………………………………28
消費者の意思……………………………43
消費者の意識調査………………………56
消費者の所得……………………………58
消費者の深層的な好み…………………46
消費者の選好関係…………………57, 58
消費者物価指数…………………………59
消費需要…………………………………43
消費電力…………………………94, 112
消費とのねじれた関係…………………43
消費欲望……………………………39, 43
商品………………………………………37

商品企画…………………………………31
商品の有用性……………………………36
使用文脈…………………………………41
情報共有…………………………………23
乗用車……………………………………32
食品栄養分析……………………………72
自律性……………………………………23
事例研究…………………………………54
新技術戦略………………………………25
新古典派経済学…………………………63
信念………………………………………42
推計………………………………………56
水蒸気……………………………………68
衰退………………………………………45
推定………………………………………42
数値の向上………………………………27
スチーム……………………………82, 84
スチームエレック………81, 85, 87, 96
スチームオーブン………86, 88, 89, 91
スチームクリーナー……………………83
ステイタス………………………………32
スペック…………………………………31
スマートフォン…………………………28
スロージューサー………………………81
生産活動…………………………………60
生産企業…………………………………40
生産工程…………………………………21
生産システム……………………………23
生産者………………………………21, 23
生産単位…………………………………20
生産能力…………………………………45
生産物……………………………………38
生産プロセス……………………………21
生産フロンティア…………………60, 61
生産量……………………………………61
成熟………………………………………45
成熟市場…………………………………65

製造技術	20, 21	漸近的性質	63
製造形態	20	線形	59
正当化	51, 52	全体のパターン	54
正当性	33, 42, 43	選択の楽しみ	45
正当性の獲得	42	戦略	25
正当性の担保	42	相関関係	94
制度的・構造的要因	132	相互学習	46, 47
正の要因	134	相互作用プロセス	54
製品	32, 37	喪失しやすい価値	45, 46
製品イノベーション	22	創出しやすい価値	45, 46
製品開発研究	13	総費用	61
製品開発者の主観	54	組織間関係の構築	34
製品価値の構成	48	組織と社会の資源動員	132
製品カテゴリ	34	組織内部	33, 34
製品がもつ不確実性	46	組織内部の意思決定プロセス	35
製品関与度	28, 29	組織能力	34
製品技術	20, 21	組織の成員	35, 132
製品固有の特性	41, 42, 48	組織ルーティンの設計	34
製品コンセプト	24, 31, 81	外向きの価値	32

た行

製品差別化	21, 23, 24, 58
製品属性	24
製品知識	28, 29

製品差別化	21, 23, 24, 58	大宇電子ジャパン	87
製品属性	24	耐久財	135
製品知識	28, 29	代替製品の急変	22, 132
製品と生産プロセスの関係	21	代替的な製品	19, 37
製品に関する学習	46	代理指標	50
製品の価値	28, 30, 41, 43, 47, 50	大量生産	26
製品の価値の実在性	38	多義性	30
製品の多様化	45	多重共線性	94
製品の特性	34	脱カテゴリー製品	50
製品の普及	29	脱コモディティ化のメカニズム	119
製品のライフ・サイクル	46	脱成熟	22, 132
製品判別力	28, 29	達成度合い	31
製品評価の基準	33	脱油効果	72, 74, 77
製品ブランド	63, 95, 96	多様な解釈	21
製品ライン	25	多様な顧客ニーズ	26
摂氏100℃	68	単一製品の開発の効率化	25
説得	42		
説明変数	56, 59		

知識	28
注文生産	36
調整済み決定係数	96
調整役	24
調達	27
通年次推定	98
作り手	135
辻調理師専門学校	76
強いリーダー	24
定義	42
低コスト	26
定数項	59, 61
定量的な分析	54, 60
デザイン	31
デジタル家電	135
デジタルカメラ	14, 27, 28
デリスタ	88, 97
電気オーブン	66
電機産業	16
電磁波	67, 70
電子レンジ	66
店頭展示	91
統計的誤差	60, 61, 63
搭載のスピード	27
投資家	34, 35
投資家やアナリストの圧力	34, 35
同質的な特性	45
東芝	86-88, 97
特殊的・具体的労働	38
特性の量	58
特定少数の次元	32
特定的段階	21, 22
特別な状況	30
競争相手	45
共創相手	45
トライアンギュレーション	54

な行

内部統合	24
ナノスチーム	87
2段調理	59, 94
日本銀行	59
日本食品分析センター	72
日本電機工業会	90
日本の製造業	14
人間の心理や知識	133
認知	42
熱風式オーブン	68
熱量	68

は行

ハードディスク	27
パイ	45
ハイクックレディ	70, 71, 72, 74
破壊的イノベーション	44
パソコン	27
服部栄養専門学校	76
発売後経過月数	95
パナソニック	91
パフォーマンス指標	25
バラエティ	45
パラダイム	42
半正規分布	61, 63
販売量	31
判別力	28, 29
比較実験	72
比較優位	34
非効率	60
非効率性	60-62
日立	86, 87, 97
ビタミンC保存効果	72, 74, 77
必要条件	37
非負の分布	63

評価基準 …………………………… 21, 31
標準 ………………………………………… 42
標準化 ……………………………………… 26
費用フロンティア ……………… 60, 61, 62
非連続的な特性 …………………………… 59
品質 …………………………………… 56, 57
品質特性 ……………………………… 56, 59
品質特性値 ………………………………… 59
品質変化 ……………………………… 56, 58
品質面の競争 ……………………………… 58
フェイズ …………………………………… 23
フェイズ間の相互作用 …………………… 23
付加価値 …………………………………… 50
不確実 ……………………………………… 33
不確実性 …………………………………… 34
不確実性の減少速度 ……………………… 46
普及 ………………………………………… 29
普及のテンポ ……………………………… 21
複雑なマネジメント ……………………… 51
複数の特性の関数 ………………………… 58
複数プロジェクトの管理手法 …………… 25
物的存在 ………………………………… 132
物的要因 ………………………………… 132
負の要因 ………………………………… 134
負の要素 …………………………………… 27
普遍的 ……………………………………… 32
普遍的な価値 ……………………………… 30
プライス・リーダーシップ
　（価格先導制）………………………… 20
ブラウン管 ………………………………… 70
フラットテーブル ………………………… 94
プラットフォーム ………………………… 25
ブランド …………………………………… 28
ブランド間の差異 ………………………… 28
プロジェクト ……………………………… 25
プロダクト・インテグリティ …………… 24
プロダクト・サイクル ……………… 56, 57

分業 ………………………………………… 26
文献調査 …………………………………… 72
文献展望 …………………………………… 19
分析枠組み ………………………………… 41
文脈 ………………………………………… 39
平均単価 …………………………………… 89
並行技術移転戦略 ………………………… 25
ベクトル …………………………………… 58
ヘドニック・アプローチ分析 …… 55, 56, 57,
　59, 95, 97, 98
ヘドニック仮説 …………………………… 57
ヘドニック関数 …………………………… 56
ヘルシーシェフ ……………………… 87, 97
ヘルシオ ……… 65, 67, 73-75, 81, 86-88, 96
ヘルシオジュースプレッソ ……………… 81
ヘルシオ炊飯器 …………………………… 81
ヘルシオブランド ………………………… 81
ヘルシオ Pro ………………………… 87, 96
ヘルシオホットクック …………………… 81
変化する市場 ……………………………… 51
ベンチマーク ……………………………… 33
補完関係 …………………………………… 56
本体色 ……………………………………… 96

ま行

マーケティング ……………… 34, 39, 40
マイクロ波 ………………………………… 66
マグネトロン ………………………… 67, 70
マス・カスタマイゼーション ……… 26, 27
マス・プロダクション …………………… 26
松下 ………………………… 81, 86-88, 96
マネジメント ………………… 31, 33, 55
見えない次元の価値 …… 30, 31, 33, 38, 42, 47
ミクロ経済学 ………………………… 19, 57
見込み生産 ………………………………… 36
水 …………………………………………… 68
水で焼く …………………………………… 74

水なし自動調理鍋	81
三菱	87, 88, 97
3つ星　ビストロ	88, 96, 97
無差別曲線	58
無色透明の気体	68
網羅的に把握	55, 56
目標管理	31
モジュール化	26
モジュール化の進展	26
模倣	30
模倣が行いにくい価値	46
模倣がしやすい価値	46

や行

ユーザー調査	73
尤度	63
有用性	37
要件	40
要素技術	21
欲望充実手段	45
予算集合	58
吉井電気	87
欲求	37

ら行

「ラグビー型」の製品開発	23
ランカスター・モデル	57, 58
離散的品質特性値	59, 98, 102
リスクの高い活動	33
流動的段階	21, 22
両側対数	59
「リレー型」の製品開発	23
理論的基礎	19
理論的推論	54
隣接2年次推定	98
累積生産量	15
レイセオン社	66
レーダーレンジ	66
連結	23
連続的な特性	59
連続的品質特性値	59, 97, 102
労働価格	61

【著者紹介】

陰山　孔貴（かげやま　よしき）

獨協大学経済学部経営学科准教授。博士（経営学）。1977年大阪府豊中市生まれ。2003年早稲田大学大学院理工学研究科修士課程を修了後、シャープ株式会社に入社。液晶パネル事業の経営管理、白物家電の商品企画、経営再建等に携わる。同社勤務の傍ら、2006年神戸大学大学院経営学研究科専門職学位課程、2012年同博士後期課程を修了。2013年獨協大学経済学部経営学科専任講師。2017年より現職。著書：『ビジネスマンに経営学が必要な理由』クロスメディア・パブリッシング、2019年。『できる人の共通点』ダイヤモンド社、2018年。『技術経営』（分担執筆）中央経済社、2017年。『1からの戦略論＜第2版＞』（分担執筆）碩学舎、2016年。

脱コモディティ化を実現する価値づくり
競合企業による共創メカニズム

2019年2月16日　第1版第1刷発行

著　者	陰　山　孔　貴	
発行者	山　本　　　継	
発行所	㈱中央経済社	
発売元	㈱中央経済グループパブリッシング	

〒101-0051　東京都千代田区神田神保町1-31-2
電話　03（3293）3371　（編集代表）
　　　03（3293）3381　（営業代表）
http://www.chuokeizai.co.jp/

©2019
Printed in Japan

印刷／昭和情報プロセス㈱
製本／㈲井上製本所

＊頁の「欠落」や「順序違い」などがありましたらお取り替えいたしますので発売元までご送付ください。（送料小社負担）

ISBN978-4-502-29481-5　C3034

JCOPY〈出版者著作権管理機構委託出版物〉本書を無断で複写複製（コピー）することは、著作権法上の例外を除き、禁じられています。本書をコピーされる場合は事前に出版者著作権管理機構（JCOPY）の許諾を受けてください。
JCOPY〈http://www.jcopy.or.jp　eメール：info@jcopy.or.jp　電話：03-3513-6969〉

いま新しい時代を切り開く基礎力と応用力を兼ね備えた人材が求められています。
このシリーズは，各学問分野の基本的な知識や標準的な考え方を学ぶことにプラスして，一人ひとりが主体的に思考し，行動できるような「学び」をサポートしています。

ベーシック＋専用HP

中央経済社